海德格尔文集

孙周兴　王庆节　主编

不莱梅和弗莱堡演讲

孙周兴　张　灯　译

商务印书馆
创于1897　The Commercial Press
2018 年 · 北京

Martin Heidegger

Bremer und Freiburger Vorträge

1. Einblick in das was ist

Bremer Vorträge 1949

2. Grundsätze des Denkens

Freiburger Vorträge 1957

Gesamtausgabe, Bd. 79

本书根据德国维多里奥·克劳斯特曼出版社 1994 年全集版第 79 卷译出。

国家社会科学基金重大项目成果

中文版前言

德文版《海德格尔全集》于1975年启动，迄今已出版了80余卷（按计划将编成102卷）。已出版者包含了海德格尔著作（含讲座、手稿等）的基本部分（即全集第1—3部分），余下未出版者多为书信、札记等（全集第4部分，第82卷始）。随着德文版《海德格尔全集》出版工作的顺利推进，世界范围内的海德格尔翻译和研究已呈蓬勃之势，目前至少已有英、法、意、日四种文字的全集版翻译，据说西班牙文和阿拉伯文的全集版翻译也已经启动。相比之下，汉语的海德格尔翻译仍然处于起步阶段，甚至不能与亚洲邻居的日、韩两国比较，严肃的译著至今只有十几种而已。这种状况是令人羞愧的。

为让中文世界更完整、更深入地理解海德格尔思想，经反复酝酿，我们计划根据《海德格尔全集》版，编辑出版中文版《海德格尔文集》，收录海德格尔的代表性著作30卷，其中前16卷为海德格尔生前出版的全部著作（我们依然认为这一部分是《海德格尔全集》中最值得关注的，包含了作者已经稳定下来的思想），而其余14卷为海德格尔的重要讲座稿和手稿。我们假定，这30卷属于海德格尔的"基本著作"，基本上已能呈现海德格尔思想的总体面貌。当然，我们也并不因此否认其他卷本（讲座稿和手稿）的意义，而且我们也愿意认为，中文世界对海德格尔思想的深入研究和完整理解，仍然要基于对《海德格尔全集》的系统译介。但我们选译的30卷至少已经走出了第一步，也或可为将来可能的中文版《海德格尔全集》的工作奠定一个基础。

所选30种著作中，约半数已有成熟的或比较成熟的中文译本，少数几种已经译出了初稿，其余约十余种则有待新译。已出版的译著在编入《海德格尔文集》时，将根据德文全集版重新校订，因为其中有几种原先只是根据单行本译出的，也有几种在译文品质上是稍有欠缺的。

由于是多人参与的多卷本（30卷）译事，又由于众所周知的海德格尔语文表达方面的奇异性，中文版《海德格尔文集》在译文风格上是难求统一的，甚至在基本词语的译名方面也不可能强行规范划一。这是令人遗憾的，不过也可能为进一步的义理辨析和讨论留下空间。我们唯希望能够尽量做到体例方面的统一，以便至少让人有一套书的整体感。

按照我们的计划，中文版《海德格尔文集》每年出版5种左右，约五六年内完成全部30卷的翻译和出版工作。我们希望藉此为中国的海德格尔研究事业提供一个基础性的讨论平台，也愿学术界有识之士为我们的工作提供批评、建议，帮助我们做好这项大型的学术翻译事业。

孙周兴　王庆节

2011年12月8日

目　　录

观入存在之物
1949 年不莱梅演讲

思想的基本原则
1957 年弗莱堡演讲

观入存在之物
1949年不莱梅演讲

提　　示

时间和空间中的一切距离都在缩小。过去人们要以数周和数月的时间才能达到的地方,现在坐上飞机一夜之间就可以到了。早先人们要在数年之后才能了解到的或者根本就了解不到的事情,现在通过无线电,随时就可以立即知道了。植物的萌芽和生长,原先完全在季节的轮换中遮蔽着,现在人们却可以通过电影在一分钟内把它展示出来。电影显示出各种最古老文化的那些遥远的遗址,仿佛它们眼下就在今天的街道交通中。此外,电影同时展示出摄影机以及在拍摄工作中的操作人员,由此还证实了它所展示的东西。电视机达到了对一切可能的遥远距离的消除过程的极致。电视机很快就会渗透并且控制整个交往联系机关。

人类在最短时间内走过了最漫长的路程。人类把最大的距离抛在后面,从而以最小的距离把一切都带到自己面前。

不过,这种对一切距离的匆忙消除并不带来任何切近;因为切近并不在于距离的微小。通过电影的图像,通过收音机的声响,在路程上离我们最近的那些东西,也可能离我们最远。在路程上十分疏远的那些东西,也可能离我们最近。小的距离并不就是切近。大的距离也还不是疏远。

如果在我们把最长的路程缩短为最短的间距之后,切近也还付诸阙如，那么，到底什么是切近呢？如果我们对距离的不断消除甚至拒绝了切近的出现，那么，究竟什么是切近呢？如果与切近的缺失一道，连疏远也杳无影踪，那么，到底什么是切近呢？

4 如果通过对大距离的消除，一切都变得同样地疏远同样地切近，那么，这里到底发生了什么事情呢？在这种“同样”中，一切既不远也不近，变得仿佛没有间距了——这种千篇一律的“同样”究竟是什么呢？

一切都被冲入这种千篇一律的无间距状态之中，都搅在一起了。那又怎么样呢？难道把一切都推入无间距状态之中，不比把一切都搞得支离破碎更可怕吗？人类关注着原子弹的爆炸可能会带来的东西。人类没有看到久已到来并且久已发生的事情，也就是——只还作为它最后的喷出物——原子弹及其爆炸从自身喷射出来的东西，更不用说氢弹了，因为从最广大的可能性来看，氢弹的引爆可能就足以毁灭地球上的一切生命。如果令人惊恐的东西已经发生，那么，这种无助的畏惧还在指望着什么呢？

令人惊恐者就是那个东西，它使一切存在者从它们原先的本质中脱离出来[①]。这个令人惊恐者是什么呢？它以万物如何在场的方式自行显示并且自行遮蔽，也即以这样的方式：尽管有种种对距离的克服，存在之物的切近却仍然杳无影踪。

---

① 此句中的“令人惊恐者”(das Entsetzende)一词的动词形式 entsetzen 意为“罢免、废黜；为……解围；使吃惊、使惊愕”等，其字面意义近于“使……从……脱离出来”(heraussetzen)。——译注

1、物 5

切近(Nähe)的情形究竟如何呢？我们如何才能经验到它的本质呢？表面上看来，我们是不能径直发现切近的。而不如说，要做到这一点，我们就要去追踪在切近中存在的东西。在切近中存在的东西，我们通常称之为物(Ding)。但什么是物呢？人已经多么长久地考察和究问过物，人已经多么多样地利用了物，很可能也滥用了物。人也已经多么透彻地根据这种意图对物做出了说明，亦即追溯了物的原因吗？长期以来，人如此这般对付物，而且还总是如此这般地对付物，却不曾把物**当作**物来思量。

迄今为止，对于物之为物，就如同对于切近一样，人们还极少作过思索。壶是一个物。什么是壶呢？我们说：壶是一个器皿；它把其他东西容纳于自身中。在壶中起着容纳作用的是壶底和壶壁。这个容器本身又有一个把手，可供人们抓握。作为器皿，壶是某种自立的东西。这种自立标明壶是某种独立的东西。作为一个独立之物的自立，壶区别于一个对象[①]。如若我们把一个独立之物摆在我们面前，无论是在直接的感知中，还是在回忆性的想象中，这个独立之物就可能成为对象。然而，物之物性因素既不在于

---

① 此句中的“自立”(Selbststand)和“对象”(Gegenstand)都以“立”(Stand)为词根，故“对象”也作“对立之物”。——译注

它是被表象的对象，根本上也不能从对象之对象性的角度来加以规定——即便当我们不只把对象之对立算在我们的表象活动的账上，而倒是把这种对立委诸对象本身，使之成为对象本身的事情，情形也是如此。

6 不论我们是否对壶进行表象，壶都保持为一个器皿。作为器皿，壶立于自身中。但说这个容器立于自身中，这是什么意思呢？器皿的这种自立已经把壶规定为一物了么？实际上，壶作为器皿而站立，只是因为它已经被带向一种站立了。但这是已经发生的事情，而且是通过一种摆置而发生的，也就是通过置造发生的。[①] 陶匠用专门为此选择和准备好的泥土制造出这个陶制的壶。壶由泥土做成。通过壶由以构成的东西，壶也能站立于大地上，或是直接地，或是间接地通过桌凳的媒介。通过这样一种置造而构成的东西，就是自立的东西。如果我们把壶看作被置造的器皿，那么，表面看来，我们就是把它把握为一个物，而绝没有把它把握为一个纯粹的对象。

或者，即使到现在，我们始终也还是把壶当作一个对象了么？确实如此。虽然壶不再仅仅被视为纯粹表象的对象，但对于这种表象来说，壶却还是一个对象，是由一种置造摆到我们面前并且置放于我们对面的对象。看起来，自立乃是壶之为物的标志。而事实上，我们是从置造方面来设想这种自立的。这种自立乃是置造的目的所在。但即使如此，这种自立始终还是从对象性的角度被

---

① 此句中的“摆置”(Stellen)和“置造”(Herstellen)均以“置”(stell)为词根，属于海德格尔用以规定现代技术之本质的“集－置”(Ge-stell)词族。——译注

思考的，尽管被置造者的对立（Gegenstehen）不再基于单纯的表象。然而，从对象和自立的对象性出发，没有一条道路是通向物之物性因素的。

什么是物之物性呢？什么是物自身呢？只有当我们的思想首先达到了物之为物时，我们才能达到物自身。

壶是一个作为器皿的物。虽然这个起容纳作用的东西需要一种置造，但陶匠带来的被置造状态决不构成壶之为壶所特有的东西。壶之为器皿，并不是因为它被置造出来了；相反，壶必须被置造出来，是因为它是这种器皿。

诚然，置造使壶进入其本己因素之中。但壶之本质的这种本 7
己因素决不是由置造所制作出来的。从制作过程中释放出来后，自为地立身的壶已然集自身于容纳作用。在置造过程中，壶当然必须预先向置造者显示出它的外观。但这种自行显示者，即外观（εἶδος［爱多斯］，ἰδέα［相、理念］）[①]，只是从一个角度标志出这把壶，也就是从作为有待置造者的这个器皿与置造相对立的角度标志出这把壶。

可是，作为这把壶，具有这种外观的器皿是什么，作为这种壶－物（Krug-Ding）的壶*是*什么，如何*是*？这是决不能通过对于外观即ἰδέα［相、理念］的观察得到经验的，更不消说由此得到合乎实事的思考了。因此之故，柏拉图这位从外观方面来表象在场者之在场状态的思想家，并没有思考物之本质，亚里士多德以及所有

---

① 希腊哲学的基本概念εἶδος［爱多斯］和ἰδέα［相、理念］都与“观看”（ἰδεῖν）相关，均有“外观”（Aussehen）义。——译注

后来的思想家也不出其右。而毋宁说，柏拉图把一切在场者都经验为置造者之对象了，而且这对于后世来说是决定性的。如若不说“对象”，我们可更准确地说：“站立者”（Herstand）。在站－立者的全部本质中，起支配作用的是一种双重的站－立①：一方面，是“源出于……”意义上的站－立，无论这是一种自行生产还是一种被置造；另一方面，站－立的意思是被生产者站出来而站入已然在场的东西的无蔽状态之中。

然而，一切对站立者和对立者意义上的在场者的表象，都决不能达到物之为物。壶之物性因素在于：它作为一个容器而存在。当我们装满一把壶时，我们发觉这个器皿的容纳作用。显然，是壶底和壶壁承担着这种容纳作用。但别忙！当我们装满一壶酒时，难道我们是在把酒注入壶壁和壶底么？我们顶多能说，我们把酒倒在壶壁之间、壶底之上。壶壁和壶底当然是这个器皿中不透水
8 的部分。不过，这个不透水的部分也还不是起容纳作用的东西。当我们灌满壶时，液体就在充灌时流入虚空的壶中。这种虚空乃是器皿的具有容纳作用的东西。壶的虚空，壶的这种虚无，乃是壶作为有所容纳的器皿之所是。②

可是，壶其实是由壁和底构成的。壶通过它的这些构成之物而站立起来。一个站立不住的壶会是什么呢？至少是一个做坏了的壶嘛；因此它总归还是一把壶，也就是这样一个壶，它虽然也能

---

① 此句中的“站－立者”（Her-Stand）和“站－立”（Her-Stehen）为海德格尔生造，英译本把后者译为 standing-here。——译注

② 此句中的“虚空”原文为 die Leere，“虚无”原文为 das Nichts。英译本分别作 empty 和 nothing——译注

容纳，但却不断倾倒下来而让所容纳的东西流空。然则只有一个器皿才可能流空。

构成壶并且使壶得以站立的壁和底，并不是真正起容纳作用的东西。而如果真正起容纳作用的东西在于壶之虚空，那么，在转盘上塑造成壶壁和壶底的陶匠就并没有真正地制作这把壶。陶匠只是塑造陶土而已。不对——他只是塑造虚空而已。为这种虚空，进入虚空之中并且从虚空而来，他把陶土塑造成形体。陶匠首先而且始终把握到不可把捉的虚空，并且把它置造出来，使之成为有容纳作用的东西而进入器皿形态中。壶之虚空决定着任何置造动作。器皿的物性因素绝不在于它由以构成的材料，而在于起容纳作用的虚空。

然则壶果真是虚空的吗？

物理科学让我们确信，壶里面充满着空气以及由空气混合物所构成的一切。当我们诉诸壶之空虚，以便规定在壶中起容纳作用的东西时，我们便让自己为一种半诗性的考察方式所迷惑了。

可是，一旦我们勉强以科学的方式来探究现实的壶的现实性，就有一种不同的实情显示出来。我们把酒注入壶中，就只是排去了先前充满壶的空气，并且代之以一种液体。从科学的角度来看，把壶充满也就是把一种充满状态换成另一种充满状态。

这些物理学上的说法是正确的。科学通过这些说明来表象某种现实之物，以之为客观目标。但是——这种现实之物就是这把壶吗？不是的。科学始终只能针对**它的**表象方式预先已经允许的 9
东西，亦即对它来说可能的对象。

人们说，科学知识是强制性的。的确如此。但它的强制力在哪里呢？在我们眼下的情形里，就在于那种强制力，它迫使我们放弃盛满酒的壶，而代之以其中可盛液体的空穴。科学使壶这个物变成某种虚无的东西，因为它不允许物成为决定性的东西。

科学知识在它自己的区域里，亦即在对象区域里，是强制性的。早在原子弹爆炸之前，科学知识就已经把物之为物消灭掉了。原子弹的爆炸，只不过是对早已发生的物之消灭过程的所有粗暴证实中最粗暴的证实：它证实了这样一回事情，即物之为物始终是虚无的（nichtig）。物之物性始终被遮蔽、被遗忘了。物之本质从未达乎显露，也即从未得到过表达。这就是我们所讲的对物之为物的消灭过程的意思。这种消灭是十分可怕的，因为它在自身前面具有两重的蒙蔽：其一是这样一种看法，即认为科学先于其他一切经验，击中了现实之物的现实性；其二是这样一种假象，似乎尽管我们对现实之物作了科学的研究，但物依然可能是物，而这是有前提的，其前提就是：物根本上向来已经是现身成其本质的物了。但是，倘若物向来已经**作为**在其物性中的物显示出自身，那么，物之物性早就该大白于天下了。这样的话，**它**早就该要求思想去思它了。然而，事实上，物之为物依然受到了阻挡，依然是虚无的，而且在此意义上依然被消灭掉了。这种情形已经发生过，而且还在发生着，它如此根本地发生着，以至于不仅物不再被允许成为物，而且物根本上还决不能作为物向思想显现出来了。

物之为物不再显现出来，其原因何在呢？仅仅是人们耽搁了对物之为物的表象么？人只可能耽搁那种已经被指派给他的东西。不论以何种方式，人只能表象那个东西，这个东西预先已经从自身而来自行澄明，并且已经在它共同带来的光亮中向人显示出来了。

那么，物之为物究竟是什么？其本质尚未能显现出来的物究竟是什么呢？ 10

难道物还从未完全进入那个切近处，以至于人还不能充分地学会对物之为物的关注么？什么是切近呢？我们已经发过此问。为了经验这种切近，我们已经究问过在切近中的壶。

壶之壶性因素基于何处？前面我们突然中断了对壶的考察，而且是在那样一个时刻，当时出现了一个咄咄逼人的假象：仿佛关于现实的壶的现实性，科学是能够给予我们一种启发的。

我们已经把这个器皿的作用，它的容纳作用，即空虚，表象为一个充满了空气的空穴。后者其实就是虚空，而从物理学上来看，却并非壶的虚空。我们并没有让壶的虚空成为**它自己的**虚空。我们并没有注意这个器皿中起容纳作用的东西。我们未曾考虑过，这种容纳作用本身是如何成其本质的。因此之故，我们势必也就忽略了壶所容纳的东西。对于科学的表象来说，酒变成了一种纯粹的液体，这种液体又成了材料的一种普遍可能的固态。我们没有去思索，壶容纳什么以及它如何容纳。

壶之虚空如何容纳呢？它通过承受被注入的东西而起容纳作用。它也通过保持它所承受的东西而起容纳作用。虚空以双重方式来容纳，也即：承受和保持。因此“容纳”(fassen)一词是有歧义的。但对倾注的承受，与对倾注的保持，却是共属一体的。而它们的统一性是由倾倒来决定的，壶之为壶就取决于这种倾倒[1]。虚

---

① 此处“倾注”原文为 der Guß，“倾倒”原文为 Ausgießen，动词形式都是 gießen（倒、注）。海德格尔在下文中把“倾注”的原初意义解为“捐赠”(Spende)和“牺牲”(Opfer)。——译注

空的双重容纳就在于这种倾倒。作为这种倾倒，容纳才真正如其所是。从壶里倾倒出来，乃是馈赠。在倾注之馈赠中，这个器皿的容纳作用才得以成其本质。容纳需要作为容纳者的虚空。起容纳作用的虚空的本质聚集于馈赠中。但馈赠比单纯的斟出更为丰富。使壶成其为壶的馈赠聚集于双重容纳之中，而且聚集于倾注
11 之中。我们把群山之聚集称为山脉。同样地，我们把入于倾注的双重容纳的聚集——这种聚集作为集合才构成馈赠的全部本质——称为赠品。[1] 壶之壶性在倾注之赠品中成其本质。连空虚的壶也从这种赠品而来保持其本质，尽管这个空虚的壶并不允许斟出。而这种不允许为壶所特有，而且只为壶所特有。与之相反，一把镰刀，或者一把锤子，在此就无能为力了，做不到对这种馈赠的放弃。

倾注之馈赠可以是一种饮料。它给出水和酒供我们饮用。[2]

在赠品之水中有泉。在泉中有岩石，在岩石中有大地的浑然蛰伏。这大地又承受着天空的雨露。在泉水中，天空与大地联姻。

---

① 在德文中，前缀 Ge-有“聚集”之义，故“山脉”(Gebirge)是“群山”(Berge)之聚集，相应地，“赠品”(Geschenk)是“馈赠”(Schenken)的聚集。——译注

② 打字稿第9页补充：

壶之虚空如何容纳？它承受被注入的东西，是为了倾倒(Ausgießen)而把它保存下来。虚空承受和给予这样一种流注的倾注。倾注(Guß)及其方式影响了壶的虚空。倾注决定壶之壶性。但倾注的本真因素却是倾倒。要么它把倾注带入另一个东西中，如饮用器皿中，要么倾注可能在壶的倾倒中直接被饮用。壶的倾注乃是饮用(Trunk)。每一种用壶饮用都是倾注。但并非每一次壶的倾注都是饮用。这一点恰恰适合于真正的倾注，后者虽然在倾倒中被挥霍掉了，但并没有被饮用。

连虚空的壶也得从倾注的角度、并且根据这种倾注来规定。只要倾注是一种水或酒的倾注，它就可能是一种饮用。——原注

在酒中也有这种联姻。酒由葡萄的果实酿成。果实由大地的滋养与天空的阳光所玉成。在水之赠品中，在酒之赠品中，总是栖留着天空与大地。而倾注之赠品乃是壶之壶性。故在壶之本质中，总是逗留着天空与大地。

倾注之赠品乃是终有一死的人的饮料。它解人之渴，提神解乏，活跃交游。但壶之赠品时而也用于敬神献祭。如若倾注是为了祭神，那它就不是止渴的东西了。它满足盛大庆典的欢庆。这 12
时候，倾注之赠品既不是在酒店里被赠予的，也不是终有一死的人的一种饮料。倾注是奉献给不朽诸神的祭酒。作为祭酒的倾注之赠品乃是真正的赠品。在奉献的祭酒之馈赠中，倾注的壶才作为馈赠的赠品而成其本质。奉献的祭酒乃是“倾注”一词的本意，意即：捐赠和牺牲。“倾注”（Guß）、“流注、倾注”（gießen）在希腊文中叫做χέειν，在印度日耳曼语系中叫作 ghu。这个 ghu 的意思就是牺牲（opfern）。在它得到本质性的完成之际，这种倾注才能得到充分思考，并且真正地被表达为：捐赠、牺牲，因而也是馈赠。唯因此之故，倾注的本质一旦委顿，就可能变成为单纯的斟入和斟出，直到最后在通常的酒馆里腐烂掉。倾注并不是单纯的倒进倒出。

在作为饮料的倾注之赠品中，终有一死的人以自己的方式逗留着。在作为祭酒的倾注之赠品中，诸神以自己的方式逗留着，它们复又接收作为捐赠之赠品的馈赠之赠品。在倾注之赠品中，各个不同地逗留着终有一死的人和诸神。在倾注之赠品中逗留着大地和天空。在倾注之赠品中，同时逗留着大地与天空、诸神与终有一死者。这四方是共属一体的，本来就是统一的。它们先于一切在场者而出现，已经被卷入一个唯一的四重整体中了。[1]

在倾注之赠品中逗留着四方之纯一性。[2]

倾注之赠品乃是赠品，因为它让大地与天空、诸神与终有一死者栖留。不过，栖留现在不再是某个现成的东西的单纯坚持。栖留有所居有。[3] 它把四方带入它们的本己要素的光亮之中。从其纯一性而来，这四方相互信赖。在这种相互依存中统一起来，这四方乃是无蔽的。倾注之赠品让四方之四重整体的纯一性得以栖留。而在赠品中，壶之为壶成其本质。赠品聚集那属于馈赠的东西：双重的容纳、容纳者、虚空和作为捐赠的倾倒。在赠品中被聚
13 集起来的东西集自身于这样一回事，即在有所居有之际让四重整体栖留。这种多样化的质朴聚集乃是壶的本质因素。我们德语里用一个古老的词语来命名这种聚集。这个古老的词语叫做：thing（物）。壶的本质是那种使纯一的四重整体入于一种逗留的有所馈赠的纯粹聚集。壶成其本质[4]为一物。壶乃是作为一物的壶。但物如何成其本质呢？物物化。物化聚集。[5] 在居有着四重整体之

---

① 此处“四方”（Vier）和“四重整体”（Geviert）是后期海德格尔用于描述“地、天、神、人”——“大地”（die Erde）、“天空”（der Himmel）、“诸神”（die Göttlichen）与“终有一死者”（die Sterblichen）——之世界游戏的基本词语。——译注

② 此处“四方之纯一性”原文为 die Einfalt der Vier。其中“纯一性”（Einfalt）一词的日常含义为“纯真、单纯”，但在此语境中应指“四方”之一体性，故我们译为“纯一性”。英译本作 the single fold。——译注

③ 此句原文为 Verweilen ereignet，或译“栖留居有”。——译注

④ 此处“成其本质”原文为动词 wesen，或译“本质现身”。——译注

⑤ 此为海德格尔的典型言说。“物物化”原文为 Das Ding dingt，“物化聚集”原文为 Das Dingen versammelt。英译本作：The thing things. Thinging gathers。——译注

际，物化聚集着四重整体的逗留，使之入于一个当下逗留的东西[①]，即：入于此一物，入于彼一物。

对于如此这般得到经验和思考的壶之本质，我们给予“物”(Ding)这个名称。在这里，我们是根据物之实事来思考这个名称的，也就是根据物化，作为聚集着－居有着的四重整体之栖留的物化，来思考这个名称的。但同时，我们也回忆起古高地德语中的thing一词。这种语言史的说明容易诱使我们误解我们现在对物之本质的思考的方式。看起来，仿佛我们现在所思的物之本质是从偶然抓住的thing这个古高地德语的名称中捉摸出来的。人们会生出一种疑心，怀疑我们现在所尝试的对物之本质的经验乃是基于一种词源学游戏的随心所欲。有一种意见凝固下来，并且已经流行开来，这种意见认为：我们在此并不思索实事本身，而只是在玩弄词典。

然而，实际情况恰恰与上述担心相反。确实，古高地德语中的thing一词意味着聚集，而且尤其是为了商讨一件所谈论的事务、一种争执的聚集。因此，古德语词语thing和dinc就成了表示事务的名称[②]；它们表示人们以某种方式予以关心、与人相关涉的一切东西，因而也是处于言谈中的一切东西。处于言谈中的东西，罗马人称之为res；在希腊语中，ῥέειν，ῥῆμα的意思是：谈论某事，讨

---

① 此处“一个当下逗留的东西”原文为ein je Weiliges(英译本作something that abides，与前句中的“逗留”(Weile)(英译本作duration)有词根联系。——译注

② 海德格尔认为古德语的thing不是指“事物”，而是指“事务、事情”(Angelegenheit)。此说相当于希腊语中的区分，即chremata(事物)与pragmata(事务)的区分。——译注

论某事。res publica 的意思并不是国家，而是显然关涉到每个公民并且因此被公开讨论的东西。

14 只是因为 res 意味着这种与人相关涉的事情，所以才能产生出 res adversae 和 res secundae 这样的词语合成；前者是指对人不利的事情，后者是指对人有利的事情。虽然各种词典正确地把 res adversae 译为“恶运”，把 res secundae 译为“好运”；但词典却不能道说人们经过深思而说出的这些词语的意思。因此，实际上，在这里以及在其他情形下，我们的思想并不乞灵于词源学，相反，词源学连同词典一道，都还思得太少了。

罗马词语 res 表示与人相关涉的东西，即事情、争执、事件。罗马人也用 causa 一词来表示这个意思。causa 一词真正的和起先的意思绝不是“原因”；causa 指的是事件（Fall），因而也是指这样一种情况，即某事发生并且到时候了。只是因为 causa 几乎与 res 同义，都有“事件”的意思，所以，causa 这个词后来才可能获得原因的含义，即一种作用的因果性的意思。古德语词语 thing 和 dinc，由于它有聚集之义，亦即为商讨某个事务的聚集，才最适合于被用来恰当地翻译罗马词语 res，即关涉者（das Angehende）。但从罗马语的那个与 res① 相应的词语中，从具有事件和事务之意义的 causa 一词中，又发展出罗曼语的 la cosa 和法语的 la chose；那就是我们德语所说的：das Ding（物）。在英语中，thing 一词还保留着罗马词语 res［事物］的丰富的命名力：英语中所讲的“他知道他的事情”（he knows his things），意思就是说，他明白他的“事

① 最早（am ehesten）。——原注

情”(Sachen),知道与他相关涉的事情;英语中讲的“他知道如何处理事情”(he knows how to handle things),意思是说,他知道必须如何去应付事情,也就是应付各个具体事情的症结所在;“那是一件大事”(that's a great thing),意思是说,那真是一件伟大的(美好的、巨大的、壮丽的)事情,亦即是一件出于自身、与人相关涉的事情。

不过,这里的关键绝不是我们上面简略提及的诸如 res、 15
Ding、causa、cosa 以及 chose、thing 等词语的语义历史,而是某种完全不同的、迄今根本尚未得到思索的东西。罗马词语 res 指的是以某种方式与人相关涉的东西。这种相关涉的东西乃是 res 的实在。res 的 realitas[实在性]在罗马人那里被经验为关涉(Angang)。然而,罗马人从没有恰当地思考他们如此这般地经验到的东西的本质。而毋宁说,罗马人由于采纳了晚期希腊哲学,就在希腊的ὄν[存在者]意义上来表象 res 的 realitas[实在性]。ὄν[存在者],即拉丁文中的 ens,意味着站立者(Herstand)意义上的在场者。res 变成了 ens,变成了被置造者和被表象者意义上的在场者。罗马人原始地经验到的 res(即关涉)的独特的 realitas[实在性],作为在场者的本质,始终被埋没了。相反地,res 这个名称在后世,特别是在中世纪,被用来表示每一个 ens qua ens[作为存在者的存在者],即每一个以任何方式在场的东西,即便它与 ens rationis[理智存在者]一样仅仅在表象中站立和在场。与 res 一词相同的情况也发生在 dinc 这个相应的名称上;因为 dinc 指的是以无论何种方式存在的任何东西。因此,艾克哈特大师既用 dinc 这个词来表示上帝,又用这个词来表示心灵。在他看来,上帝是

“至高无上的物”(hoechste und oberste dinc)。[1] 心灵是一个“grôz dinc”(伟大的物)。[2] 这位思想大师绝不是想说，上帝和心灵都是像一块石头一样的东西，即某个质料性的对象；在这里，dinc 乃是一个表示某种根本上存在的东西的细心而审慎的名称。所以，艾克哈特大师借用狄奥尼修斯·阿雷欧帕杰塔[3]的一句话［编者：也许是奥古斯丁的意思］，说：diu minne ist der natur, daz si den menschen wandelt in die dink, die er minnet［爱具有这样一种本性，它改变人，使人进入他所爱之物中］[4]。[5]

16 因为在西方形而上学的用语中，物(Ding)一词指的是根本上以某种方式存在的某种东西，所以，“物”这个名称的含义的变化，就与那种对存在者的解释的变化亦步亦趋。康德以一种与艾克哈特大师相同的方式来谈论物，并且以此名称来表示存在着的某物。但是，在康德那里，存在者变成了表象的对象，而表象是在人类自我的自身意识中运行的。在康德看来，自在之物(das Ding an sich)意味着：自在对象。对康德来说，“自在”(Ansich)这个特征

---

① 艾克哈特大师：《布道书》之五十一，载《德国十四世纪神秘主义者》，弗兰茨·普法伊弗尔(Franz Pfeiffer)编，第二卷《艾克哈特大师》，莱比锡，1857 年，第 169 页。——原注

② 同上，《布道书》之四十二，第 141 页。——原注

③ 狄奥尼修斯·阿雷欧帕杰塔(Dionysius Areopagita)：5 世纪希腊新柏拉图主义哲学家普罗克洛(Proclus，约 410—485 年)的化名。——译注

④ 参看上引书，《布道书》之七十三，第 199 页，以及《布道书》之二十，第 86 页。——原注

⑤ 此句为古德语，其中出现的“物”书作 dink，即海德格尔在此上下文中讨论的 dinc。按海德格尔看来，我们在此还不能贸然把 dinc 译成“物”，或者更准确地说，我们不能在“质料性的对象”意义上来理解 dinc。——译注

的意思是：对象本身就是对象，而没有与人类表象发生关系，亦即没有那种首先使对象立于表象面前的“对立”（das Gegen）。严格地按照康德的方式来看，“自在之物”就意味着一个对象，这个对象并不是一个对象，因为它是在没有一种可能的对立的情况下站立的，也就是说，对于与之相对的人类表象来说，它并不是一个对象。

然而，无论是哲学所使用的“物”（Ding）这个名称的早已被用滥了的一般含义，还是 thing 这个词语的古高地德语的含义，都丝毫不能帮助我们去经验、并且充分地思考我们现在关于壶之本质所说的那个东西的实际本质。实际情形可能恰好相反，从 thing 一词的古老用法中得来的一个含义要素，亦即“聚集”（versammeln），倒是道出了我们前面所思的壶的本质。

壶是一个物，这既不是在罗马人所讲的 res[事物]的意义上来说的，也不是在中世纪人们所表象的 ens[存在者]的意义上来说的，更不是在现代人所表象的对象意义上来说的。壶是一个物，并非作为对象，无论这个对象是置造的对象还是单纯表象的对象。壶是一个物，因为它物化。从这种物之物化（Dingen des Dinges）出发，壶这种在场者的在场才首先得以自行发生，并且得以自行规定。

今天，一切在场者都同样地近，又同样地远。无间距状态占了上风。但是，所有对距离的缩短和消除都没有带来任何切近。什 17
么是切近呢？为了发现切近之本质，我们已经思索过在切近中的壶。我们已经寻找过切近之本质，并且已经发现了作为物的壶的本质。而在这种发现中，我们同时也体察到了切近之本质。物物化。在物化之际，物让大地和天空，诸神和终有一死者栖留[①]；在让栖留之际，物使在它们的疏远中的四方相互趋近，这一带近就是近化。近化乃是切近的本质。切近使疏远近化，[②]并且是作为疏远来近化。切近保持疏远。在保持疏远之际，切近在其近化中成其本质。如此这般近化之际，切近遮蔽自身并且按其方式保持为最切近者。

物并不是“在”切近“之中”，仿佛这种切近是一个容器似的。切近在作为物之物化的近化中起支配作用。

物化之际，物让统一的四方，即大地与天空，诸神与终有一死者栖留，让它们栖留于在它们从自身而来统一的四重整体的纯一性中。

大地承受筑造，滋养果实，蕴藏着水流和岩石，庇护着植物和动物。

当我们说到大地，我们同时就已经出于四方之纯一性而想到了其他三方。

天空是日月运行，群星闪烁，是周而复始的季节，是昼之光明和隐晦，夜之暗沉和启明，是节日的温寒，是白云的飘忽和天穹的湛蓝深远。

当我们说到天空时，我们同时就已经出于四方之纯一性而想到了其他三方。

诸神是暗示着的神性使者。从神性隐而不显的支配作用而

① 此处动词“让……栖留”(verweilen)作及物动词用。——译注

② 此处“切近使疏远近化”原文为 Nähe nähert das Ferne，英译本作：Nearness brings near what is far off。——译注

来，神显现入它的本质之中，而它的本质使之不能与在场者相提并论。

当我们说到诸神，我们同时就出于四方之纯一性而一起想到了其他三方。

终有一死者乃是人类。人类之所以被叫做终有一死者，是因为他们能够赴死。[1] 赴死意味着：有能力承担作为死亡的死亡。只有人赴死。动物只是消亡而已。无论在它之前还是在它之后， 18
动物都不具有作为死亡的死亡。死亡乃是无之圣龛[2]；也就是说，无在所有角度看都不是某种单纯的存在者，但它依然本质性现身，即作为存在本身而本质性现身。作为无之圣龛，死亡于自身中庇藏着存在之本质现身。作为无之圣龛，死亡乃是存在之庇所[3]。现在，我们把终有一死者称为终有一死者——并非因为他们在尘世的生命会结束，而是因为他们有能力承担作为死亡的死亡。终有一死者是其所是，作为终有一死者而本质性地现身于存在之庇所中。终有一死者乃是与存在之为存在的本质性关系[4]。

与之相反，形而上学则把人表象为 animal［动物］，表象为生

---

① 此处“终有一死者”(die Sterblichen)与“赴死”(Sterben)有相同的词根。就此而言，我们似乎应该把 die Sterblichen 译为“会死者”。——译注

② 此处“无之圣龛”原文为 der Schrein des Nichts。在天主教中，教堂里“圣龛”(Schrein)用于保存圣骨、圣体，多位于祭台上方中间。——译注

③ 此处“无之庇所”原文为 das Gebirg des Seins，其中“庇所”(das Gebirg)为作者生造，联系于前句的“庇藏、庇护”。英译本作 the refuge of being。——译注

④ 此处“本质性关系”原文为 das wesende Verhältnis，也可译为“本质性地现身的关系”，因为其中形容词 wesend 的动词形式为 wesen，意为“本质性地现身”(或简为“本现”)。考虑到可读性，我们仍处理为“本质性关系”。——译注

物。即使 ratio[理性]完全支配了 animalitas[动物性]，人之存在还是从生命和体验角度被规定的。理性的生物必须首先变成终有一死者。

当我们说到终有一死者，我们就出于四方之纯一性而一起想到其他三方。

大地和天空、诸神和终有一死者[①]，这四方从自身而来统一起来，进入统一的四重整体的纯一性之中而共属一体。四方中的每一方都以它自己的方式映射着其余三方的本质现身。同时，每一方又都以它自己的方式反映自身，回到它在四方的纯一性之内的本己中。这种映射并不是对某个摹本的描写。映射在照亮四方中的每一方之际，居有它们本己的本质现身，而使之进入纯一的相互归本[②]之中。以这种居有着－照亮着的方式映射之际，四方中的每一方都与其他各方相互游戏。这种居有着的映射把四方中的每一方都开放入它的本己之中，但又把这些自由的东西维系在一起，使之进入它们本质性的相互并存的纯一性中。

这种进入自由域的维系着的映射乃是游戏（Spiel），这种游戏出于归本过程的合抱起来的支持而使四方中的每一方都与其他每一方相互信赖。四方中没有哪一方会固执于它自己的游离开来的独特性。而毋宁说，四方中的每一方都在它们的归本之内，为进入

① 可简化为：地、天、神、人。也许值得注意的是海德格尔给出的排序：地、天、神、人，与汉语语感不合，我们总是已经习惯于说“天地神人”。——译注

② 此处“归本”原文为 Vereignung，属于海德格尔“本有”（Ereignis）词族中的一个用法。英译本作 bringing into ownership。海德格尔也用 Zueignen（归本）来传达相同的意思。——译注

某个本己而失去本己。[1] 这样一种失本的归本[2]就是四重整体的映射－游戏[3]。由之而来，四方之纯一性才得到了信赖。

天、地、神、人[4]之纯一性的居有着的映射游戏，我们称之为世 19
界（Welt）。世界通过世界化而成其本质。这就是说：世界之世界化[5]既不能通过某个他者来说明，也不能根据某个他者来论证。之所以不能说明和论证，并不是由于我们人类的思想无能于这样一种说明和论证。而不如说，世界之世界化之所以不可说明和不可论证，是因为诸如原因和根据之类的东西是与世界之世界化格格不入的。一旦人类的认识在这里要求一种说明，它就绝没有超越世界之本质，而是落到世界之本质下面了。人类的说明愿望根本就达不到世界化之纯一性的质朴要素。当人们把统一的四方仅仅表象为个别的现实之物，即可以相互论证和说明的现实之物时，统一的四方在它们的本质中早已被扼杀了。

四重整体之统一性乃是四化[6]。然则这种四化决不是这样进行的，即：它包括四方并且作为这样一个包括者而事后附加到四方

---

[1] 此处“归本”（Vereignung）、“失去本己”（enteignen，或译“失本”）均与海德格尔后期所思的“本有”（Ereignis）及其“居有”（ereignen）相关，中译文未能显明这些词语之间的词根（即 eigen）联系。——译注

[2] 此处“失本的归本”原文为 das enteignende Vereigen，英译本作 expropriative bringing into ownership。听起来不免自相矛盾。——译注

[3] 此处“映射－游戏”原文为 Spiegel-Spiel，英译本作 the mirror-play。——译注

[4] 此处“天、地、神、人”是“大地、天空、诸神、终有一死者”的简译。——译注

[5] 此处“世界之世界化”原文为 das Welten von Welt，英译本作 the worlding of world。——译注

[6] 海德格尔这里采用了一个罕用词语 Vierung（指中古教堂的中殿和翼部的十字交叉处），来表示他所思的“天地神人”“四重整体之统一性”。——译注

上。四化同样也并不限于这样一回事情，即：四方，一度现成的四方，只是相互并列而已。

四化作为纯一地相互信赖者的有所居有的映射－游戏而成其本质。四化作为世界之世界化而成其本质。世界的映射－游戏乃是居有之圆舞[①]。因此，这种圆舞也并不只是像一个环那样包括着四方。这种圆舞乃是起环绕作用的圆环（Ring），因为它作为映射而游戏。它在居有之际照亮四方，并使四方进入它们的纯一性的光芒之中。这个圆环在闪烁之际使四方处处敞开而归本于它们的本质之谜。世界的如此这般环绕着的映射－游戏的被聚集起来的本质乃是一种环化[②]。在映射着－游戏着的圆环的环化中，四方依偎在一起，得以进入它们统一的、但又向来属己的本质之中。如此柔和地，它们顺从地世界化而嵌合世界。

柔和地、柔顺的、柔韧地、顺从地、轻巧地，在我们古德语中叫
20 做"ring"和"gering"。世界化的世界的映射－游戏，作为圆环之环化，把统一的四方有力地释放[③]出来，使之进入本己的顺从之中，进入它们的本质的圆环之中。从圆环之环化的映射－游戏而来，物之物化得以发生。

---

① 此处"居有之圆舞"原文为 der Reigen des Ereignens，其中 Ereignen 是"本有"（Ereignis）的动名词形式。英译本作 the round dance of appropriation。——译注

② 此处"环化"原文为 das Gering（英译本作 circling），与"圆环"（Ring）相关，是海德格尔生造或重新赋义的词语。——译注

③ 此处动词"有力地释放"原文为 entringen，中译文未显明它与"圆环"（Ring）和"柔和地"（ring）的词根联系。——译注

物让四重整体栖留。物物化世界。[1] 每一个物都让四重整体栖留，使之入于世界之纯一性的某个当下逗留的东西中。

如果我们让物化中的物从世界化的世界而来成其本质，那么，我们便思及物之为物了。如此这般思念之际，我们一任自身为物的世界化本质所关涉了。如此思来，我们就为物之为物所切中了。在词语的严格意义上讲来，我们乃是受限制者[2]。我们已经把一切无限制者[3]的狂妄抛弃了。

如果我们思物之为物，那我们就是要保护物之本质，使之进入它由以本质性地现身的那个领域之中。物化乃是世界之近化(Nähern)。近化乃是切近之本质。只要我们保护着物之为物，我们便居住于切近中。切近之近化乃是世界之映射－游戏的真正的和唯一的维度。

在对距离的种种消除活动中，切近付诸阙如。切近之缺失已经使无间距的东西占据了统治地位。在切近之缺失中，我们上面所讲意义上的物作为物被消灭掉了。但究竟物之为物何时以及如何存在呢？我们置身于无间距的东西的统治之下，仍有此一问。

物之为物何时以及如何到来？物之为物并非通过人类的谋制[4]而到来。不过，若**没有**终有一死的人的留神关注，物之为物也

---

① 此处“物物化世界”原文为 Das Ding dingt Welt，其中“物化”(dingen)作及物动词用。——译注

② 按其字面含义来看，这里的“受限制者”(die Be-Dingten，或“有条件者”)亦可译为“被物化者”。——译注

③ 此处“无限制者”(das Unbedingte)也可译为“无条件者”。——译注

④ 此处“谋制”是译者对海德格尔生造的德文词语 Machenschaft 的尝试性翻译。Machenschaft 是日常德语中没有的词，在英语中有 machination 一词，其意为“阴谋诡

不会到来。达到这种关注的第一步，乃是一个返回步伐[1]，即从一味表象性的、亦即说明性的思想返回来，回到思念之思[2]。

诚然，从一种思想回到另一种思想，这种返回步伐绝不只是态度的转变。它决不可能是这样一种态度的转变，原因仅仅在于：一切态度连同它们的转变方式，都拘执于表象性思想的区域中。
21 相反，说到底，这种返回步伐离开了纯粹态度的区域。这种返回步伐寓于一种应合[3]，这种应合——在世界本质（Weltwesen）中为这种本质所召唤——在它自身之内应答着世界本质。对于物之为物的到达，一种纯然的态度之转变无能为力，正如今天作为对象立身于无间距状态中的一切东西都不能简单地转变为物。如果我们仅只避开对象，仅只回－忆[4]从前的古老对象，那些也许一度会变成物甚至作为物而在场的对象，那么，物之为物也是决不会到来的。

物之生成，乃是从世界之映射－游戏的环化而来发生的。唯

计”。但海德格尔使用的Machenschaft显然不取“阴谋诡计”之义，而倒是与希腊的techne（技艺）和poiesis（制作）相关，是指人对存在者的制作（制做）——诚然海德格尔强调这种制作是以某种存在者解释为基础的。我们试译为“谋制”。关于该词的含义，特别可参看海德格尔：《哲学论稿》，《全集》第65卷，第61节；中译本，孙周兴译，北京：商务印书馆，2012年，第133页以下。——译注

① 此处“返回步伐”（Schritt zurück）为海德格尔后期形成的一种思想要求：不只回归到前苏格拉底思想，而根本上是要从表象性思想退回到“思念之思”。——译注

② 此处“思念之思”（das andenkende Denken）或可译“追忆之思”，英译本作commemorative thinking。——译注

③ “应合”（Entsprechen）也可译为“响应”，英译本作correpondence。后期海德格尔认为，诗与思都是一种“应合”——应合于本有或存在。——译注

④ 海德格尔把这里的动词“回忆”书作er-innern（“回－忆”），应该意在强调“回忆”是一种“使……内化”。——译注

当——也许是突兀地——世界作为世界而世界化[1]，圆环才闪烁生辉，而天、地、神、人的环化才得以从这个圆环中释放出来，进入其纯一性的柔和之中。

依此环化，物化本身是轻柔的，而且当下逗留之物也是柔和的[2]，毫不显眼地顺从于其本质。柔和的是这样的物：壶和凳、桥和犁。但树木和池塘、小溪和山丘也是物，也以各自的方式是物。苍鹰和狍子、马和牛也是物，每每以自己的方式物化着。每每以自己的方式物化之际，镜子和别针、书和画、王冠和十字架也是物。

而与无数处处等价的对象相比，与过量的作为生物的人类群体相比，物甚至在数量上也是轻微的[3]。

唯有作为终有一死者的人，才在栖居之际通达世界之为世界。唯世界中轻柔者，才成一物。[4]

---

① 此处“世界作为世界而世界化”原文为：Welt als Welt weltet，可谓三重的重复。——译注

② 这里我们分别以“轻柔的”译 gering，以“柔和的”译 ring。——译注

③ 此处“轻微的”原文为 ring und gering，字面上可译为“柔和的和轻柔的”。——译注

④ 此句德语原文为：Nur was aus Welt gering，wird einmal Ding，英译本作：Only what is slight of world ever becomes a thing，参看海德格尔：《不莱梅和弗莱堡演讲》，英译本，印第安那，2012 年，第 20 页；另一个英译本作：Only what conjoins itself out of world becomes a thing，参看海德格尔：《诗·语言·思》，英译本，纽约，1971 年，第 182 页。——译注

22

附　　录

关于演讲《物》（相互联系）

关于物与世界，可注意区－分[①]。参看致赖斯纳的信。[②]

从这种区－分回到差异。从差异回到存有[③]之被遗忘状态。应如何来思考这种被遗忘状态呢？（'Α-λήθεια［无蔽、真理］）。也还有一种被遗忘状态——只是在转向（Kehre）之后转变了；那么真正的遮蔽和庇护竟是从这个谜本身中发生的吗？

就世界之于物与出于世界的物而言的关－系；这种关－系在本－有中发生[④]。

在此物之于世界；世界/wer-alt［古高地德语］[⑤]。对差异的提

① 此处"区－分"原文为 Unter-schied，是后期海德格尔用来在非形而上学意义上表达"存在学差异"（ontologische Differenz）的基本词语之一。——译注

② 1950 年 11 月 3 日致赖斯纳教授的信［未发表］。——原注

③ 海德格尔后期常用古体德语 Seyn 来代替 Sein（存在），我们译之为"存有"。英译本把 Seyn 译为 beying，也算讨巧。——译注

④ 此处"关－系"原文为 Ver-Hältnis，"本－有"原文为 Er-Eignis，都是海德格尔惯用的连字符分隔手法。——译注

⑤ 据格林德语词典，"世界"（Welt）一词从 wer-alt 衍生出来，其中 wer 意指"人"，

示。并非一个具有另一种含义的词语,而是另一个实事。

追-补性的思想乃是思念[①];追-补——带入切近之中。

区-分

从作为存有之关节[②]的区-分而来——道说的全部接合[③]——接合的全部严格性。

物

一切如何在场。——在场——εἶναι[④][是、存在]。每个事物如何"是/存在"(ist)?这种"是/存在"(es ist)的情形如何?

物物化?物作为物而存在?——抑或它们只作为对象而存在? 23
对象——它们如何站立呢?对象之站立方式及其持久性是什么?——作为存料吗?[⑤]

---

alt来自alan,后者意指"发生、培养、生长",因此"世界"指人类生长(以及变老即alt)之所。——译注

① 此处"追-补"原文为nach-holen,"思念"原文为das Andenken(或译为"追忆")。——译注

② 此处"存在之关节"原文为Fuge der Seyns,疑为Fuge des Seyns的误植。英译本作the jointure of beying。——译注

③ 此处"接合"(Fügung)联系于前句的"关节"(Fuge),是海德格尔用来描述存有历史意义上的"本有"之发生的基本词语。特别可参看海德格尔:《哲学论稿》,中译本,孙周兴译,北京:商务印书馆,2012年。——译注

④ 为希腊文系动词之不定式形式。——译注

⑤ 此处译文未能显明"站立"(Stand)、"持久性"(Ständigkeit)和"存料"(Bestand)的词根联系。——译注

物消失了，离开了——何往？什么替代了它们的位置？

物早就消失了，但它们还从未作为物而曾在过。

作为物——它们的物之本质还从未特别地得到揭示和保存。

令人惊恐者以这样一种方式昭示和遮蔽自身，即在近在眼前的东西中切近杳无影踪。这是什么意思呢？这意思是说：物没有物化；物没有作为物而在场。

世界没有世界化。物/世界没有发生；本有拒不给出自己。区分依然被遗忘；被遗忘状态现身出场！

物化没有作为物之本质而得到澄明，也没有作为被澄明者而得到保存。偏远的东西也在场——也许只是为我们，是因为此在(Dasein)的缘故。但不是通向它的道路；是某种作为它本身而在其被遮掩[？][①]的在场中的东西。

近在眼前的东西也许可以在一种强调意义上被叫做在场者。

在近在眼前的东西中，切近杳无影踪。在在场者那里，在场隐匿自己。因为在场隐匿自己并且已经隐匿自己，所以我们决不能遇见之，——至少不能以我们通常遇见某物的那种方式——在表－象中。

近在眼前的乃是我们所谓的物。——什么是——一个物呢？

① 原文如此。——译注

2、集-置 24

在道路的开端已经表明：一切对距离的克服全都不会带来切近。远也随着近一道取消了。一切都被平整入无间距状态中了。现在我们看得更清晰了：只要物物化，切近便本质性地现身。物物化世界。物化就是近化，后者把世界之为世界守持于切近中。切近之本质依据于这种近化。

切近不是短距离，疏远也不是长距离。疏远尤其不是切近之消除。唯在切近之近化中，疏远才成其疏远，才得以保持为疏远。因此之故，在物没有物化、从而切近没有近化的地方，疏远也避开了。切近与疏远同时付诸阙如。无间距状态占了上风。

人们所谓的间距，我们把它认作两点之间的路程。然而，如果我们走出房子来到树荫下面，房子与房子前面的树之间的间距诚然不在于两者之间的路程的度量数字。而毋宁说，个中间距在于，房子、树和树荫由其彼此接近(Zueinander)而一道与我们相关涉以及如何与我们相关涉。这种关涉①调校着在场范围内的在场者之间的间距(距离)。这种关涉调校着一切在场者和不在场者与我

---

① 此处“关涉”(Angang)为名词，其动词形式即前句的“关涉”(angehen)。——译注

们的间距。私底下与我们有着这样一种间距的东西，恰恰在这种隔离①中与我们相关涉，无论某物是远离我们还是与我们接近。但是，即便是那种与我们——如我们所言——毫无关涉的东西，也以自己的方式与我们紧紧关涉。因为无关紧要的东西也在一个方面与我们相关涉，即：我们不断地与之交臂而过，听之任之。

一切在场者和不在场者皆处于关涉特征中。间距依据于关涉。关涉落在切近上。我们太过轻松地以为，间距——从我们的
25 角度来看——存在于对立中。据此，间距仿佛首先是在对立中达到的，是在对立者中得到保障的。但对立者只不过有间距者的最后期限和最后剩余。如果在场者变成了表象之对立者，那么，无间距状态的统治地位就已经布置起来了——尽管还不起眼。在对象性的东西中，我们把与我们相关涉者置于我们面前。于是它离开我们而站立，而我们离开它而站立。然则这种对象性的表象表面看来首先使得在场者与我们照面，而在其本质中却已然是对与我们相关涉者的进攻。在对立者即客体呈现出来的纯粹当前的假象中，隐蔽着表象性计算的贪－婪(Hab-gier)。在对立者当中也包括那种状态，我们在其中面对自己，我们在其中追踪自己、解析自己。心理学和心理说明的统治地位包含着那种平整的开始，就是把心灵和精神平整到每个人任何时候都能通达，因而根本上已经无距离的东西上面。对立者的统治地位并不保证间距。而毋宁说，其中已经潜伏着无间距之物的涌逼。如若间距依据于关涉，则在无间距状态居支配地位的地方，一切就不再特别地与我们相关

① 此处“隔离”原文为Abstehen，与“间距”(Abstand)有字面联系。——译注

涉。每个事物都进入无关紧要之物的基本特征之中，尽管有些东西偶尔还会靠近我们，有如一个失落的斑晶。无关紧要之物的关涉乃是拉扯入千篇一律之中，这种千篇一律走走停停，站立又落下，既不近也不远。无间距状态如此确实地与人相关涉，以至于人处处均匀地被一律无距离的东西所关涉。无间距状态造成的这样一种均匀的关涉在于，如此这般被关涉的人总是持续不断重新以相同的空洞的方式沦于无间距状态。但无距离地在场的东西既非没有关涉，亦非没有站立。而不如说，无间距状态有它自己的站立。它的站立状态出现在处处无关紧要之物的不可名状的关涉中。人由于沦于这个无关紧要之物而对待之。无间距之物从来都不是无站立的。它站立，因为一切在场者都是存料。[①] 存料获得 26
权力之际，连作为在场者之特征的对象也崩塌了。

存料持存。存料持存，因为它是根据一种订置[②]而被摆置的。被转向订置之际，存料便被摆置入应用中了。这种应用先行这样来摆置每个事物，即被摆置者跟随着随之出现的成果。如此被摆置，一切便都是：……的后果（in Folge von…）。但后果乃预先作为成果而被订置。成果乃是那种后果，它本身是根据进一步的后果的结果来安排的[③]。存料通过一种特有的摆置而持存。我们称

---

① 此处 Bestand 一词在日常德语中意谓“持续、持久、库存、贮存量”等。海德格尔以此词表示为现代技术所促逼和订造的一切东西的存在方式。我们译之为“存料”（此译名为刘海伟博士所建议）。在少数地方我们也译之为“持存”。——译注

② 此处“订置”（Bestellen）或可译为“订造”；海德格尔也书作“订-置”（Be-stellen）。——译注

③ 此句中的“成果”、“后果”和“结果”原文分别是 Erfolg，Folge，Ergebnis，无论在汉语还是在德语中，三者都难以清晰区分开来。——译注

之为订－置(Be-Stellen)。

什么叫"摆置"？我们是根据"表－象某物"、"置－造某物"①之类的说法来了解这个词的。不过我们必须怀疑，我们的思想是否应付得了这些说法的简单的、几乎未经估量的意义。

什么叫"摆置"？让我们首先从"置－造"②角度来设想之。木工置造一张桌子，但也置造一具棺材。被置造者并不就是单纯的被制造者。进入置造的东西处于与我们相关涉的东西的区域里。它是进入一种切近而被置造出来的。山村木工并不是为一具尸体制造一只箱子。棺材预先在死掉的农夫还停留其间的农庄的优先位置被置造出来。棺材在那里还被叫做临终之树③。在其中长出死者之死。这种生长规定着房子和庭院，那里的居住者以及他们的家族和邻居。

在一个机械化的大城市殡葬馆里，一切就都不一样了。在这里，没有临终之树被置造出来。

为了把森林里砍伐下来的树木通过林中路拖出来，一个农夫摆置他的拉车动物。他并没有置造拉车动物，好让它在某处站立。他这样来置造被摆置者，使得它偏离自己而转向一种应用。

男人们和女人们必须对一项工作采取态度④。他们被订置了。他们遭受到一种摆置，后者摆置他们，亦即要求他们。一个人

---

① 此处"表－象某物"原文为 etwas vor-stellen，"置－造某物"原文为 etwas her-stellen，两者都有一个 stellen(摆置)。——译注

② "置－造"(Her-stellen)也可译为"制－造"。——译注

③ 此处"临终之树"原文为 Totenbaum，字面直译为"死者之树"。——译注

④ 此处"对……采取态度"原文为 sich zu... stellen，或可译为："对……摆置自己"。——译注

摆置另一个人。他止住后者。[1] 他摆置后者。他要求后者给出答 27
复，说明理由。他促逼后者。现在让我们参与到“摆置”一词的这一含义中，为的是经验在那种订置中发生了什么，存料通过什么而站立，因而成为一个存料。

摆置现在说的是：促逼、要求、迫使自行摆置。这种摆置发生为征用。[2] 征用之命令是指向人的。不过，在在场者整体范围内，人并不是为征用所关涉的唯一的在场者。

某个地带被摆置，为了其中露出地表的煤炭和矿石。岩石露出地表，也许已经在这样一种摆置的视野里得到了表象，而且也只是据此才可表象。露出地表、而且本身已经根据一种自行摆置而得到了估价的岩石受到了促逼，从而受到了开采。土地被纳入这样一种摆置之中，并且为这种摆置所侵害。它被订置了，遭到了征用。从现在起，我们就是这样来理解“订置”(bestellen)一词的。

通过这样一种订置，田野成了煤炭区，土地成了矿产区。[3] 这种订置已经不同于从前农民对耕地的耕作。农民的所作所为并不是促逼耕地；而毋宁说，它把种子交给生长之力，并且守护着种子的发育。但现在，连田地的耕作也已经过渡为相同的订-置了，空气为着氮料而被摆置，土地为着煤炭和矿石而被摆置，矿石为着铀而被摆置，铀为着原子能而被摆置，原子能为着可订置的毁灭而被

---

① 此处“止住”原文为 anstellen，词根也是“摆置”(stellen)。——译注

② 此处“征用”原文为 Gestellung，在日常德语中有“入伍服役、应召、出庭”等义，英译本作 conscription。此译未显明此词与“摆置”(stellen)以及其他相关词语的词根联系。——译注

③ 土地、田野——存料之无家！——原注

摆置。耕作农业现在成了机械化的食物工业，本质上无异于毒气室和毁灭营里的尸体制造，无异于国家封锁和绝粮迫降，无异于氢弹的制造。

28 但举例说来，在煤炭区被摆置的煤炭被摆置到何方了呀？它不能像桌子上的一把壶那样被摆置。如同土地为着煤炭而被摆置，煤炭本身为着热能而被摆置，也即被促逼；热能被摆置而提供出蒸汽，蒸汽的压力推动驱动装置，驱动装置使一座工厂保持运转，工厂被摆置而提供出机器，机器置造出工具，通过工具，机器又被置于状态中并且保持于状态中。

一种摆置促逼另一种摆置，以征用侵害另一种摆置。这种征用并不是在摆置行动的单纯前后相继中发生的。按其本质来看，这种征用乃是秘密地先行发生的。唯因此，征用才使得特殊摆置的个别意图的一种可为自己所利用的规划和措施成为可能。但摆置之联结的最后结果是什么呢？

水力发电厂被摆置到莱茵河上。它为着河流的水压而摆置河流，河流的水压摆置涡轮机而使之转动，涡轮机的转动推动一些机器，这些机器的驱动装置提供出电流，而通过电流，远距供电厂及其电网为着电流开采而被摆置。[1] 莱茵河上的发电厂、水坝、涡轮机、发电机、配电设备、电网——所有这些和其他东西的存在，只是因为它们马上到场，不是为了在场，[2]而是为了被摆置，而且唯一地为此去摆置其他东西。

---

① 存料。——原注

② 以何种方式？——原注

唯有如此这般被订置而马上到场摆置自己的东西，才作为存料而持存，并且才在存料意义上持存的。[①] 持存者[②]在这样一种征用范围内普遍的可订置状态中持存。

我们又要问：这样一种订置的链条的最终结果是什么呢？它没有结果；因为订置并不置造任何在摆置之外能够和可以具有某 29
种自为在场的东西。被订置者总是已经并且总是仅仅为把另一个东西当作自己的后果置入成果之中而被摆置。订置之链条并不导致什么；倒不如说，它只是进入自己的循环中。唯有在循环中，可订置之物才有其存料。举例说来，莱茵河只是作为我们所列述的那种订置的被订置者。水力发电厂并没有被建造在莱茵河上，而不如说，河流进入发电厂之中而被隔断了，由于发电厂的本质而成为河流现在所是的东西。为了在一定程度上测度这里起着支配作用的异乎寻常的东西，让我们——哪怕只是一会儿——来关注一下在两个标题中道出的一个矛盾：进入发电厂之中而被隔断了的"莱茵河"——在荷尔德林的同名赞美诗这件艺术作品中被道说的"莱茵河"。[③]

存料持存着。它在订置中持存。这种订置本身是什么呢？摆置具有促逼的特征。据此，摆置就成了一种开采。[④] 这就是对煤

---

① 指在可订置的存料意义上的作品，也即不是持久延续意义上的。——原注

② 此处"持存者"原文为 das Beständige，与"存料"（Bestand）和"持存"（bestehen）有字面联系。——译注

③ 此句中的"发电厂"（Kraftwerk）与"艺术作品"（Kunstwerk）字形相近，实则背道。——译注

④ 注意此处"促逼"（Herausfordern）与"开采"（Herausfördern）字形上的相似。——译注

炭、矿石、原油的处理，对河流和湖泊的处理，对空气的处理。人们说，地球中蕴藏的材料和力量被开发出来了。而这种开发是人类的所作所为。

因此，订置只是人类的一种谋制（Machenschaft），是以开发方式实行的。首先而且只要我们在日常意见的视野里来设想此事，则存料之订置就在这种特征中显现出来。所谓订置本质上只是人类的一种具有开发特征的谋制，这样一个假象甚至是无可避免的。然则[①]它依然只是一个假象而已。

订置摆置着。订置促逼着。然而，如果我们按其本质来思考之，而不是按可能的作用来思考之，那么，订置绝不朝向猎物和盈
30 利，而总是朝向可订置者。“总是”在此说的是：预先，因为是本质性的；订置之所以从一个可订置者被拉到下一个可订置者，是因为订置先行已经把一切在场者拉扯入完全的可订置状态之中，并且在那里摆置一切在场者——不论在场者在个别情形下是否已经特别地被摆置。这种超过一切的订置暴力只还拉着那种特殊的订置行动。这种订置暴力可以让我们猜度：在此所谓的“订置”并非只是**人类的**行为，尽管人类归属于订置之实行。

问题依然是，人类以何种方式已经被纳入订置之本质中了。（但）在这里什么叫“人类”呢？“这个人类”在某个地方实存。但假如人类为着其压力来促逼河流的水力，摆置这种压力而生产出电流，那么，人类之所以能够做到这一点，只是由于他们本身已经被

① 根据作为τὲχνη［技艺］——ἀλήθεια［无蔽、真理］（'Α-λήθεια［无－蔽］）。——原注

订置入这种订置之中了。人类在其与在场者的关系中已经受到促逼，要预先并且因此普遍地和不断地把在场者表象为订置之可订置者。只要人类的表象已经把在场者当作可订置者而摆置入订置之计算中，则人类按其本质来看——不论是否科学——为了可订置者之订置就仍然被订置入订置之中了。

现在[①]，人类本身置身于这样一种征用中。人类已经适应于这样一种征用的实行。人类排除等着去接受和实行这样一种订置。因此之故，人类乃是订置的职员。所以，人类就个别地和大量地被派往那里。现在，人类就是在订置中出于订置、为了订置而被订置者。

订置不是人类的制品；因为总是在订置中一道起作用的人类的活动，必须已经通过这种订置，根据一种相应的作为和无为而成 31
为可订置的。

订置不仅以征用侵害自然的材料和力量，它同时也侵害人类的命运。人类的本质被摆置，要以人类的方式去共同实行订置。订置涉及自然和历史，涉及一切存在之物，并且是按照在场者存在的全部方式。在场者本身根据可订置状态而被摆置，因而先行被表象为那个[②]持立者，后者的站立乃由订置而成其本质。以这样一种方式持立者和持续在场者乃是存料。

因此之故，订置也决不能根据某种个别的存料而得到说明；它同样也不能根据可找到的存料的总和，被表象为存料的一味在上

---

① 不清楚——本质上现在以集-置方式来思考的。——原注

② 如此被摆置并且在此意义上。——原注

面漂浮的普遍性。订置根本就不能被说明，也就是说，它不能被回溯到那种清晰性——我们突然把通常立即为我们所熟知的，并且一般地被视为不成问题的一切东西都冒充为这种清晰性。我们习惯于根据这种清晰性来加以说明的东西，由此只是被托付给无所用心者和漫不经心者了。我们不能指望对存料在其中成其本质的订置做出说明。[1] 而毋宁说，我们必须尝试首先去经验它尚未经思考的本质。

为此必需的是，我们要关注订置如何自始就侵害了一切存在之物：自然和历史，人性的和神性的东西；因为如果在今天，一门出了坏主意的神学为自己订置了现代原子物理学的结果，借此来保障自己的上帝之证明，那么，这就把上帝摆置入可订置者的区域里了。

订置以征用来关涉一切在场者，其着眼点是一切在场者的在
32 场状态[2]。订置只是转向了一点，即 versus unum［走向统一］，也即：把**这一个**在场者的**整体**当作存料来摆置。订置本身是普遍的。它于自身中聚焦了一切可能的摆置种类和它们所有的联结方式。订置已经于自身中聚集起来了，为着**一切**在场者（作为存料）的可订置状态的概无例外的持存保障[3]。

群山之聚集，从自身而来统一地，而决不是事后追加地，已经被集中起来的那种群山之聚集，我们称之为山脉。我们这样那样的情绪得以展开和可能得以展开的那些方式的聚集，我们称之为

① 就这种说明偏离了实事而言。——原注

② 在场——为何、从何而来？——原注

③ 此处“持存保障”（Bestandsicherung）似也可译为“存料保障”。——译注

性情[①]。

现在，我们以"集－置"来命名那种从自身而来集中起来的摆置之聚集，在其中一切可订置者都在其存料中成其本质。[②]

"集－置"一词现在不再指一个书架或者一个吊桶井之类的个别对象。[③] 集－置现在也不是指被订置的存料的某个持存的东西。集－置指的是由自身集中起来的、普遍的[④]订置，亦即对在场者整体的完全的可订置状态的订置。订置之循环发生于集－置中，并且作为集－置而发生。

在集－置中，一切在场者之在场变成存料。集－置把可订置者不断地拉入订置之循环中，把它固定于其中，并且把它当作如此这般持存者调置入存料中。这种调置[⑤]并没有把持续者置于摆置之循环外面。它只是调置之，亦即使之离开而进入下一个可订置状态之中，也就是说，置入和置回到订置之中。

集－置摆置着。集－置把一切都一并撕扯入可订置状态中。集－置把一切在场者都攫取入可订置状态中，因而是这种攫取的

---

① 此处"山脉"（Gebirge）是"群山"（Berge）的聚焦，"性情"（Gemüt）是"情绪"（zumute ist）的聚焦。——译注

② 与上段所说的"山脉"（Gebirge）和"性情"（Gemüt）相应，"集－置"（Ge-Stell）是"摆置"（Stellen）的聚集。——译注

③ 更为鲜明地在 Montage（安装、蒙太奇），Gestänge（杆、架）和 Geschiebe（漂砾、挤轧）上显露出来；Gerippe（骨架、架子）。——原注

④ 聚集着。——原注

⑤ 此处"调置"原文为 Abstellen，通常含义为"存放、消除、派遣、调派"等，英译本作 assignment（分配、指派）。我们据其字面意义译之为"调置"。——译注

33 聚集。集－置是:集取。[1] 但这种攫取决不只是把存料积聚起来。而毋宁说,这种攫取不断地把被订置者攫走,使之进入可订置状态的循环中。在这个循环范围内,一方摆置另一方。一方驱动另一方;但却使之进入订置之离开(das Hinweg)中。

于自身中集中起来的集－置之摆置,乃是于自身中循环的驱动之聚集。集－置乃是驱动装置。[2] 集取攫取某物,并且把它攫走,使之进入企业之驱动装置中[3]。

集－置乃作为驱动装置之集取而成其本质,而后者订置着完全的存料的持续的可订置状态。

我们如此这般地思为**集－置**的东西,乃是**技术的本质**。

我们说“技术”,指的是现代技术。人们喜欢把它称为电动技术。这个称法切中了某种正确的东西。但这种正确的东西还没有包含任何真理;因为它没有指向现代技术的本质,而且之所以没有,是因为上述把现代技术称为电动技术的做法得以产生的表象方式,是决不能指向技术之本质的。人们以为,不同于以往的所有技术,现代技术是由机械来规定的。但倘若情况恰好相反,那又如何呢?现代技术之成其所是,不是由于机械;相反地,机械之成其所是以及如何成其所是,只是由于技术之本质。所以,当人们把现

---

[1] 此处“攫取”原文为Raffen,英译本作reaping,“集取”原文为Geraff,似为作者生造,英译本作plundering(夺取、掠夺)。——译注

[2] 此处“驱动”原文为Treiben,“驱动装置”原文为Getriebe(或可译为“集动”)。英译本作drive。——译注

[3] 此处“企业之驱动装置”原文为das Getriebe des Betriebes,英译本作drive of industry。——译注

代技术表象为机械技术时，人们没有就现代技术的本质说出些什么来。

集－置之为集－置先行摆置一切存料，恰恰首先是由于一切存料只是通过机械而持存。何以如此呢？集－置乃是可订置者之持存过程的驱动装置之集取的聚集，而可订置者本身之被摆置，唯一地是为了它能马上到场。集－置乃是于自身中循环的可订置者之订置的聚集。集－置本身就是使可订置者进入订置之中的有所攫取和驱动的订置之循环。集－置把一切都摆置到可订置者的这种相同性上，使得一切都以相同的形式不断地重新摆置自己，而且 34
进入相同的可订置状态中。

作为这种订置之循环，集－置于自身中置建[1]机械之本质。机械也得旋转，而不必有轮子形态；因为轮子取决于旋转，而非旋转取决于轮子。

旋转乃是回到自身的转动[2]，这种转动把可订置者（发动机燃料）驱赶入可订置者（推动力）的订置之中。机械之旋转被摆置了，亦即被促逼了，在一种循环中被持存化，而这种循环乃基于驱动装置，基于集－置的本质特征。

早在18世纪末第一台电动机在英国被发明并且被投入运行之前，集－置即技术的本质就已经隐蔽地运行了。这就是说：技术之本质此前就已经起支配作用了，而且是技术之本质首先照亮了一个领域，根本上，在这个领域范围内，诸如发电机的发明之类的

① 此处“置建”原文为 erstellen，一般作“建立、创建”。——译注

② 此句中“旋转”原文为 Rotation，“转动”原文为 Drehung，英译本分别作 Rotation 和 revolving。——译注

事情才可能被寻找和被试用。[①]

所以，我们仍然想如此专业地来描写最现代的机械，精确地说明它的构造，我们由此始终只是技术地把握机械。我们从未根据技术之本质来思考机械。只不过，技术之本质本身不是什么技术性的东西。每一种机械的每一种构造都已经活动于技术的本质空间内。但作为技术构造，它决不能筹划出机械之本质。这事是不可能的，恰如我们休想用数学的手段来计算数学的本质，或者通过历史研究来界定历史学的本质。

35 在我们的道路上，若能显明机械的本质位置，那就一定足够了。机械不是什么自为孤立地在场的东西。机械决不只是一个更错综复杂的器具和工具种类，一个自己运转的齿轮组，有别于农妇的纺车或者中国稻田里的抽水车。机械根本上不只是替代了用具和工具。机械同样不只是一个对象或物件。机械之站立乃由于它运行。机械之运行乃由于它转动。机械在企业的传动装置中转动。传动装置作为可订置者之订置的折腾[②]而发动起来。如果机械停了下来，那么它的静止就是传动装置的一个状态，是传动装置的终止或者故障。机械在机组[③]之内。但机组并不是机械的堆积。机组根据传动装置之集取而转动，而集－置就是作为后者对存料进行订置。

---

① 这种照亮/澄明(Lichtung)的一个本质后果就是现代物理学——它是以对象性为基础的；——这个领域本身，可发明性。——原注

② 此处“折腾”原文为der Umtrieb，此译未显明与动词umtreiben的“驱动、驱赶”义。英译本把这里的Umtrieb译为bustle(喧闹、热闹活动)。——译注

③ 此处“机组”原文为Maschinerie，为机器或机械之总称。——译注

即便集－置并没有直接地立即变得清楚可闻，它预先也已经排除了从前纺车和水磨所处的所有那些位置。集－置通过它的机组先行订置了另一个摆置种类和秩序。在这种摆置中达乎站立的，唯有作为可订置者立刻同样地到场的东西。

因此，机械本身置造某物的方式，本质上也不同于手工业行为——假如在集－置范围内竟还有诸如一种置造这样的事情的话。

拖拉机和汽车一辆辆成批地被供应出来，被抛出来。这种如此这般被置造出来的东西站立在外面何方呢？它被带向哪里，带向何种状态？

汽车如此这般被置造，使得它们立刻到场，也即立即不断可供应。汽车之被置造出来，不是为了让它像一把壶那样一直站立在那儿。而毋宁说，汽车之被摆置，为的是让它开走，而且是作为一个可订置者，后者本身可能被促逼，亦即根据为了交通运输得到摆置的继续运送而被促逼。 36

机械一台台置造出来的东西，被机械安置入可订置者的存料之中。被置造者乃是存料－部件[①]。现在，"部件"一词取的是一种严格的和新的意义。

部件是某种不同于部分的东西。[②] 部分通过划分来分有整

① 此处"存料－部件"原文为 Bestand-Stück，下文也作"存料部件"(Bestandstück)，英译本作 the standing reserve。——译注

② 此句中的"部件"原文为 Stück，"部分"原文为 Teil，英译本分别作 piece 与 part。——译注

体。部分分享整体，归属于整体。[①] 与之相反，部件则是个别的，甚至作为它所是的部件，是与其他部件隔离开来的。部件决不与其他部件分有整体。存料－部件也并不与它的同类分有存料。而毋宁说，存料－部件乃是被分割为可订置者的东西。这种分割并不打碎什么，而恰恰是创造出存料部件之持存。存料部件中的每一个部件都被装入和关入可订置状态之循环中。部件与部件的隔离吻合于把每个被隔离者关入订置之企业运作的过程。[②]

倘若人们想要把一个汽车存料的各个存料部件一个个放在一起，放到无论什么地方去，那么，这些部件就会被拉扯出它们的可订置状态的循环之外。那就会产生出一种报废汽车堆置场。它不同于停车场，在停车场，每辆车都在其可订置状态中到场，一个被订置的存料的被摆置的部件都是被预订的。

存料－部件一件件都是相同的。它们的部件特征要求这种相同一式。作为相同者，部件之间处于极端的隔离中；它们恰恰因此提高和保障了自己的部件特征。部件的相同一式允许一个部件能够立即、马上与另一个部件相替换，从而能够到场。一个存料－部
37 件是可以为另一个部件所替代的。部件之为部件已经是根据可替代性而得到摆置的。存料－部件的意思就是说：作为部件而被隔离的东西已经可替换地被关入一种订置之中了。

严格想来，即便是我们所谓的一个机械组件，也从来不是一个

① 充实它的整体。——原注

② 订置之统一性——如何？——原注

部分。[1] 它虽然被装配入传动装置之中，但却是作为可替换的部件。与之相反，我的手不是我自己的一个部件。在每一个手势中，我本身每每都完全就是这一次。

以“部件”一词，我们通常设想的是某种无生命的东西——虽然人们也谈论一头牲口。[2] 但存料－部件总是被关入一种订置之中，为这种订置所摆置。诚然，如此这般被摆置者也包括——当然是以自己的方式——人，不论是人操纵机械还是人在机组之订置范围内构造和建造机械。[3] 在技术之支配地位的时代里，人本质上被集－置订置入技术之本质中，被订置入集－置中。按其方式来看，人就成了存料和部件之严格字面意义上的存料－部件。

人在存料之订置范围内是可替换的。人是存料－部件，这一点始终是人能够成为一种订置之作用者的前提。然则人以一种完全不同的方式归属于作为机械的集－置。这种方式可能成为非人性的。[4] 但非人性始终还是非人性的。[5] 人决不会成为机械。诚然，非人性的东西以及人性的东西是更为阴森可怕的，因为它比单纯成为机械的人更为恶毒，更为灾难性。

然则哪怕人并不直接地面对机械，置身于某个机组的忙碌运转之中，我们这个时代的人也被摆置入集－置中了。例如，林业管

---

① 注意此处的“机械组件”(Maschinenteil)中的“组件”与“部分”是同一个词：Teil。——译注

② 德语中通常把一头牲口写做：ein Stück Vieh，其中也用到“部件”(Stück)。——译注

③ 这种方式被突现——尽管有种种相同一式性。——原注

④ 而且已经成为。——原注

⑤ 此处只有“非人性”(unmenschlich)一字上的重点号的不同。——译注

38 理员，在森林中丈量木头、并且从表面上看还是与他爷爷一样以同样方式走同一条路的人，在今天则是被木材加工业所摆置了。不论他知不知道，他都以自己的方式成了纤维素存料及其对于纸张的可订置状态的存料-部件了，而纸张被投置给报纸和画报，而报纸和画报则通过公众为着被耗尽和挥霍而进行摆置。

广播和电影也属于那种订置的存料，通过这种订置，公众本身受到摆置，受到促逼，并且因此才被安排。广播和电影之机组乃是那种存料的存料-部件，这种存料把一切都带入公共领域之中，并且因此毫无差别地为了一切事物和每一件事物订置公众。这样一种对公众进行安排和控制的存料的存料 部件，不光是机组，而且也以自己的方式成了这种企业运作的雇员，乃至于广播电台顾问。广播电台顾问为被叫做广播电台的存料所摆置，亦即为着对这种企业运作的订置而被促逼。作为这种存料的存料-部件，他一直被关入这种存料之中。让我们假定有这样一种几乎不可能的情形，即一个广播电台顾问建议取消广播电台。那么，他就会在一夜之间被撤职，而且是因为他只是他所是的角色，作为在公众订置之集-置中的一个存料的被摆置者。

被隔离于存料部件之部件特征中，每一个把头扭过去的广播听众，都作为存料之部件而被隔离起来，他被关入其中，尽管他还以为广播的开关完全是他的自由。而实际上他只还在这样一种意义上是自由的，即：他每每都不得不排除一种无可避免地持存着的公众之涌逼的强制性。

人现在并非附带地也是广播电台的存料-部件。人本质上已经根据这种将成为存料部件的特征而被订置了。让我们又来假定一种愈加不可能的情形，即地球上所有地方，突然间收音机的接收装置从每一个空间里消失了——谁能设想一下子侵袭人们、彻底 39
扰乱人们的日常生活而使人们怅然若失又六神无主的束手无策、无聊空虚呀？

应该强调的一点是，我们这里不是要对广播听众做出判决，也不是要对广播电台做出判决。我们只是想指出，在被叫做广播电台的存料中，一种订置和摆置起着支配作用，而这种订置和摆置已经干预和影响了人的本质。因为情形如此，也因为人并不只是自动地、而且决不是通过自身对自己的本质做出决断，所以，存料之订置就不可能是什么单纯人性的东西，所以，集-置即技术的本质，就不可能是什么单纯人性的东西。因此，当人们试图把技术从人类理智中，甚至竟然从艺术理智中推导出来，人们终于误入歧途了。艺术的东西是以ars[艺术][1]为前提的，ars[艺术]是以τέχνη[技艺、精通]为前提的，而τέχνη[技艺]是以技艺性的东西之本质为前提的。[2]

集-置之存料持存于存料部件及其订置方式中。存料部件乃是存料之持存者。因此我们必须从存料之本质出发，也即从集-置出发来思考它的持存性。

通常人们把持存者表象为坚忍持久者。坚忍持久者乃是持续地在场者。不过，在场者可能以不同的在场方式与人相关涉。这

---

① 此处 ars 为拉丁语。——译注

② 此句中的“艺术的东西”原文为 das Artistische，“技艺性的东西”原文为 das Technehafte，英译本分别作 the artistic 和 technology。——译注

些不同的在场方式规定着西方存有历史①的时代。在场者可能作为自发地显露的东西而成其本质，从遮蔽状态而来，显露到无蔽状态之中。这种如此这般地在场者，我们就其在场而把它命名为站立者(Herstand)。

在场者可能显示为造物主之受造物，这个造物主本身乃是在一切之中持续地和无所不在地在场者。在场者可能呈现为在人类表象中、为着这种表象和对着这种表象而被摆置的东西。在场者因而就是表象之对立者；作为 percipere［知觉］，表象乃是 conscientia 即意识(作为主体的自身意识)之 ego cogito［我思］的 cogitare［思想］。对象乃是对主体而言的客体。②

40 然则在场者也可能作为存料之存料部件意义上的持存者，这个存料乃作为持久地可订置者在摆置中被摆置，而集－置就作为这种摆置而起支配作用。

集－置乃是技术之本质。集－置之摆置是普遍的、无所不包的。它专注于一切在场者之整体的统一性(das Eine)。集－置进而摆置一切在场者现在在场的方式。一切存在之物以极其多样的方式及其变式，明显地或者还隐蔽地，都是在集－置之订置中的存料之存料－部件。持存者就在于那种可订置的替换性，即可以由被订置的相同者来替换。

---

① 此处“存有历史”原文为 Seynsgeschichte，也作“存在历史”(Seinsgeschichte)。海德格尔后期常采“存在”(Sein)的古德语写法 Seyn，我们权且译之为“存有”。——译注

② “对主体而言的客体”原文为 das Objekt für das Subjekt，也可译为“为主体的客体”。——译注

技术之本质乃是集－置。集－置进行订－置。它以征用(Gestellung)来订－置在场者。集－置把在场者订置为存料。存料之持存者乃是存料－部件。后者的持存状态在于那种可订置的可替换性，即可以由立即到场的持续相同者所替换。不过，在这里显露出一种疑虑。如若技术之本质在于集－置，而技术的目的在于对自然的力量和质料的摆置，亦即促逼，使之成为——受促逼之际——在成功地实现的东西中开采一切的东西，那么，恰恰从技术之本质方面显示出，技术并不是普遍的、无所不包的。自然的力量和质料为技术设定了一个如此明确的界限，即技术依然依赖于自然，作为技术存料之源泉和依靠的自然。因此我们并不能断言，一切在场者都以在集－置之订置中达乎站立的持存者的方式在场。集－置并不关涉一切在场者。技术只不过是其他现实之物当中的一种现实。技术还远不是根本上决定一切现实之现实性的东西。

技术之本质的情形如何呢？它是普遍的呢还是不普遍的？技术与自然之关系是何种关系呢？ 41

究竟什么是自然，应当在技术存料领域之外在场、作为订置必须一再返回去的东西的自然？就依赖于自然的技术从自然中获取发电厂的电力和质料而言，自然如何在场？什么是在技术中被摆置的自然力？答案是由自然科学给出的。自然科学的基础学科是物理学。物理学固然没有告诉我们力的本质，但它却给予思想一个机会，让思想去探究自然科学是如何表象它所谓的力的。在物理学中，自然力只有在其作用中才是可通达的；因为只有在其作用中，力才显示出其大小的可计算因素。在计算中，力成为对象性的东西。对自然科学来说，重要的只是这个计算对象。自然被表象为在尺度和数字中被摆置的现实之物，它在其作用结果中对象性地在场。而这个作用结果又只有在它本身起作用、并且被证明为有作用能力的时候，才被视为在场的。自然之在场者乃是现实之物。现实之物乃是起作用之物。自然之在场在于作用性。[①] 在作用性中，自然能够立即使某物到场，也即让它实现。

力乃是那样一个东西，它摆置某物，旨在让他物以某种一目了然的方式从某物中出现。自然力通过物理学在摆置意义上被表象，而集－置就是通过这种摆置去摆置在场者的。自然就这样而且只是这样与技术相对立，即作为一个成果之订置系统，自然由被摆置的起作用之物组成。关于这种自然之本质，康德首次对之做了决定性的思考，虽然他没有回溯到我们讲的集－置。现实（自然）之作用性无非是根据成效的订置能力。这就是说：自然与技术相对立，并非作为一种不确定的、自在地在场的东西。自然根本上
42 不是作为偶尔被开采的对象与技术相对立。在技术时代里，自然自始就归属于集－置范围内的可订置者的存料。[②]

人们会反驳说，这可能勉强适合于仿佛技术从自然中榨取出来的自然力量。与之相反，长期以来、早在技术开始之前，自然质料都处于技术存料之外。化学要查明质料自在地——在其客观现实性中——是什么。

然则科学如何取得自然之质料呢？科学把自然之质料表象为物质。质料的物理特征是什么？是惯性。物理学是如何理解惯性

① 此处译文未能完全显明“现实之物”（das Wirkliche）、“起作用之物”（das Wirksame）与“作用性”（Wirksamkeit）之间的字面和意义联系。——译注

② 原子物理学。——原注

的呢？在物理学的表象中，惯性乃是坚持于运动状态。静止也是这样一种运动状态，在物理学计算上被视为运动之极限情形。惯性是对运动变化的阻力。阻力乃是反作用，而且是对加速度的反作用。作为物质，质料是在运动的视野中、着眼于起作用之物，亦即从力出发被表象的，这种力必须被使用，也即被摆置，方得以改变各个运动状态，也就是订置另一个运动状态。

对物理学来说，自然乃是能量和物质之存料。能量和物质是自然的存料部件。物质是从惯性角度、从能量方面被规定的。但能量乃是起作用者，是能够为一种成效的被订置的摆置所订置的东西。力本身乃是有订置能力的可订置者，是根据保存、转换和贮藏能力可订置的，纯属那样一种适合于持续可摆置的能量之可订置性的特征。

不仅自然力在物理-化学上被表象为订置着-可订置的存料，自然质料亦然；这是在“被表-象”(vor-gestellt)一词的本质歧 43
义性中来讲的，亦即：自始就被摆置并且被摆置入计算角度中。

表面上与技术相对立的自然，已然从技术之本质而来被安置入作为基本存料[①]的集-置之存料中了。随着三个半世纪前近代自然科学的开端，现代技术的本质历史性地开始起支配作用。这说的是什么呢？这并不是说，现代技术首先只是自然科学，然后作为自然科学的应用，是后来才出现的。而毋宁说，现代技术的本质，即集-置，始于合乎本质的订置之基本行为，因为它自始就先

① 此处“基本存料”原文为 Grundbestand，英译本作 the fundamental standing reserve。下文中也书作“基本-存料”(Grund-Bestand)。——译注

保障了作为基本－存料的自然。现代技术并不是应用自然科学，而不如说，近代自然科学乃是技术之本质的应用，在其中技术朝向自然科学的基本存料，方得以保障技术之本质达到可应用性。

对于自然科学来说，只有当某物是可预算的并且只是就此而言，某物才是在场的。对于一切自然科学的表象来说决定性的自然过程之可预算性，乃是自然（作为一种成效的存料）合乎表－象的可订置性。这种可计算性是明晰而确实地得出结果，或者只还是大概或然的，因而只是在统计上可把握的，这丝毫不能改变只有从技术之本质出发才被准许的作为存料的自然之本质。[1] 核物理学虽然在实验－计算上不同于经典物理学，但从本质上看，它依然是同一种物理学。

在技术时代里，自然不是技术的界限。而不如说，自然乃是技术存料的基本存料部件——此外无他。

44 自然甚至不再是一个对－象[2]了。作为集－置中的存料之基本部件，自然乃是一个持存者，它的站立和站立状态唯有根据订置才能得到规定。一切在场者，包括自然，都以集－置所订置的存料之持存者的方式在场。

就其摆置而言，集－置是普遍的。它与一切在场者相关涉；所谓“一切”，不光是指总量和并存，而不如说，此所谓“一切”，是就每个在场者作为这样一个在场者在其持存（Bestehen）中从订置而来被摆置而言的。不论我们每次立即就特别地注意和确定了这个在

① 机械——原子核能裂变以及相应的方法。——原注

② 此处“对－象”（Gegen-stand）在字面上应译为“对－立”。——译注

场特征，或者我们长时间地对之视而不见，并且始终还是——在很大程度上就是这种情形——以习惯方式（严格想来，这种方式是完全混乱的）来表象现实之现实性，在此这都是无关紧要的。[①]

在技术时代，一切在场者都按照存料中的存料部件的持存性方式而在场。连人也是这般在场的，尽管部分地和区域地看起来，仿佛他的本质和在场并不与集-置之摆置相关涉似的。

存料部件之持存者乃以千篇一律为标志。一切都在集-置中根据相同者对相同者的持续的可替换性而得到摆置。唯有这样，集-置才完全地进入其传动装置之站立物中而被攫取。集-置先行攫取一切可订置者，使之进入完整存料的无限制的可订置性的相同者之中。这个不断可替换的相同者在一切持存者中都被看作相同的。一切持存者中被看作相同的东西，通过立即可订置的可替换性而保证了这个持存者的持存状态。存料乃由集-置之订置所组成。在存料中一切都处于被看作相同的无关痛痒的东西中。存料订置无间距之物。

一切现实之物都进入千篇一律无间距状态之中而集拢起来。
在场者之切近和疏远付诸阙如。我们的思索是以此说法开始的。 45
飞机以及所有在速度方面不断提高的交通工具缩短了距离。这在今天是尽人皆知的。所有人都相信，地球变小了。人人都知道：这是由技术引起的。

我们拥有上述洞见，而又无须介入如此麻烦的弯路之中，就像我们现在所走过的曲折弯路：通过思索物及其物化，集-置及其摆

---

① 参看《科学与沉思》。——原注

置，存料及其存料部件。

然则为了达到对存在之物的洞察，为什么我们要走这样一条思想的道路呢？因为我们绝不是想要仅仅和再一次通过一种可任意增加的感知数量来确认在技术时代里人人知道的东西。决定性的东西并不是，距离借助于技术而缩小了，而是切近付诸阙如。我们也不是只想查明这一点。我们思考切近之本质，而且是为了经验切近何以付诸阙如，是为了思考在这种付诸阙如中发生了什么。[①] 我们追踪技术的作用和影响，并不是为了描绘技术的后果。我们思入技术之本质，是为了经验依照这种本质，切近之悬缺如何与技术之本质展开过程结伴而行。技术之机械之所以能够缩短距离但又并不带来任何切近，只是因为技术之本质自始就是不准许切近与疏远的。不过，我们思索技术之本质，绝不是为了建立或者哪怕只是设计一座技术哲学大厦。技术作为集－置而成其本质。但在集－置中什么起支配作用呢？集－置之本质从哪里以及如何发生出来？[②]

---

① 何以恰恰是切近？切近与区－分（Unter-schied）！——原注

② 集－置作为更广义的"本质"。——原注

3、危险 46

集－置订置存料。先于此，集－置也禁阻着切近。在集－置中，在普遍地订置被视为相同的无关痛痒者之无间距性的集－置中，切近付诸阙如，这一点暗示了集－置之本质；因为集－置之本质也许包含着这样一点，即：切近之所以在其中付诸阙如，是因为集－置以禁阻切近的方式成其本质。

如若切近被扣留下来了，那么发生了什么呢？集－置之本质在此如何成其本质？切近近化。切近近化世界。[①]

然则世界乃是天与地、人与神[②]之四重整体的依然遮蔽着的映射游戏。近化世界就是物之物化。如果近化之切近被禁阻了，则物之为物就还被扣留起来了。

集－置之普遍订置让一切在场者仅仅作为存料之存料部件而在场。在存料中甚至不允许有对象了，更遑论物之为物了。集－置在场，乃是由于它尚未把物当作物保护起来。在集－置之本质中，物始终未被保护为物。集－置本质[③]一任物毫无保护。在我

---

① 间距与切近。——原注

② 此处"天、地、人、神"的词序排列与前文不同。——译注

③ 此处"集－置本质"原文为 Ge-stellwesen，是"集－置"（Ge-Stell）与"本质"（Wesen）的直接组合。——译注

们德语中，在我们德语还原始地说话的时候，“保护”一词意味着“守护”。[1] 我们施瓦本方言中，“保护”(die Wahr)一词指的是：托付给母亲保护的孩子们。集－置在其摆置中一任物毫无保护——也就是没有物之物本质的保护。[2] 集－置本质没有把物作为物保护起来。集－置在场，乃由于它让物失去了保护。但是，因为集－
47 置久已——尽管是隐蔽地——起着支配作用，并且通过它的订置总是越来越确然地把一切在场者都撕扯入存料之中，所以，物之为物长期以来就在集－置之本质统治地位支配下越来越失去了保护。在其传动装置的集取中(后者处处都只保障可订置的存料)，集－置把原初地在其本质中未受保护的物带入失去保护过程中而攫走。

在集－置之本质中发生的是物之为物的失保护过程。

在这里，“失保护过程”[3]一词是忠于字面来看的，即是从某个预先经过思考的实事来说的；因为：想得真才说得对，说得真才想得真。失保护过程在此并不是指滑入无保养状况之中了，并不意味着堕入无序之中了。我们现在所用的“失保护过程”一词不是一个骂人的字眼；它根本不包含什么价值判断。物之失保护过程指的是在集－置之本质中(它为我们指明了技术之本质)发生的

---

① 此句中的“保护”原文为 die Wahr，“守护”原文为 die Hut。海德格尔显然认为，die Wahr 的原初意义“守护”已经失落，现代德语中只有“真实”(wahr)之义。我们也看到，现代德语中还有一个动词 wahren 具有“保护、维持”之义。——译注

② 只有这一点！不是在命运中发生了真理之本质的悬缺(Ausbleiben)吗？——原注

③ 在字面上，此处“失保护过程”(Verwahrlosung)与上述“保护”(die Wahr)相关。——译注

事情。

在物之失保护过程中发生了什么呢？如若物尚不能作为物而物化，那么，已经发生了什么呢？

物在物化之际让世界切近，并且让世界栖留[1]。不过，如果物如其所是地失去保护而并不物化，那么，世界之为世界就还拒不给予。在物之失保护过程中发生的，是世界之拒予[2]。

然则世界乃是依然蔽而不显的天与地、人与神之四重整体的映射－游戏。

世界世界化。但世界之世界化不仅没有特别地得到经验和相应的思考，而且我们也还笨拙不堪，不能纯粹从这种世界化（das Welten）本身出发来思考世界之世界化，并且与之相吻合。[3] 因此之故，我们需要帮忙。此类帮忙诚然只得把我们带向那里，让我们不是从这种世界化本身、以一种相应的思想方式来思考它，而是从 48
他者出发来表象世界之世界化。但此所谓他者，现在我们据以对世界之世界化做表象性思考的他者，可能也不是与世界之本质完全格格不入的。可能恰恰相反，对我们来说情形是，我们在此把我们据以理解世界之世界化的这个他者看作世界之本质，而实际上，世界之世界化恰恰是我们用来标识世界之世界化的东西的隐蔽本质。所以，我们现在有意走上了一条不可避免的歧途。不过，因为我们是有意走上这条道路的，所以，我们可以在给定的时间沿着这

---

① 此处“栖留”（verweilen）一般为不及物动词，但海德格尔在此用作及物动词，故我们译为“让……栖留”。——译注

② “拒予”（Verweigerung）或译“拒不给予”。——译注

③ 本有（Ereignis）。——原注

条道路走回去。

世界是地与天、神与人的四重整体。这种四化的映射－游戏保护着一切在其中物化之际于四方之间在场的东西，以及其在场之统一整体之中不在场的东西。自古以来，在场者之在场都被叫做τὸ ἐόν[存在着、存在者]，即存在者[①]；τὸ εἶναι[存在]即存在(das Sein)，也就是ἐόντα[存在者]即存在者之存在，esse entium[存在者之存在]。

世界在澄明和保护之际居有物之物化。世界因此保护在场者之为在场者的本质。世界在世界化之际保护作为存在者之存在而成其本质的东西的本质。

我们现在根据我们所熟悉的存在者之存在来表象世界。如此被表象，世界就是把存在保护到其本质之中的东西。作为如此这般保护者，世界乃是存在之本质的保真。不说“保真”，我们也说“真理”，而且在这里，我们是根据世界之世界化而更原初地来思考这个基本词语的。[②]

在地与天、神与人之四重整体中依然蔽而不显的映射－游戏作为世界而世界化。世界乃是存在之本质的真理。

于是我们现在乃是从存在的角度来标识世界的。如此被表象的世界隶属于存在，而实际上，存在之本质是从隐蔽的世界之世界

---

① 此处“存在者”原文为 das Seiend，为系动词 sein(to be)的分词形式，在海德格尔看来，它意同希腊文的τὸ ἐόν，兼有“存在着”与“存在者”之双义。——译注

② 此处“保真”(Wahrnis)为海德格尔所生造，与“真理”(Wahrheit)具有词根联系。——译注

化而来成其本质的。[①] 世界不是一种存在方式，它臣服于存在。存在从世界之世界化而来居有其本质。这就表明，世界之世界化 49 乃是居有[②]——在此词的一种尚未被经验的意义上。如果世界只是特别地发生，那么存在就会消失，而与之一道连虚无也会隐失于世界化。唯当虚无从存在之真理而来进入存在之真理中，消失于它的本质中，虚无主义才被克服掉了。

然而世界之为世界依然拒不给予。世界依然隐匿于它本己的遮蔽状态之中。

保持遮蔽在希腊语中叫λανθάνειν[遮蔽][③]。Λήθη[遮蔽][④]乃是遮蔽状态。在其世界化中拒不给予的世界作为存在之本质来源依然保持遮蔽。只不过，世界之保持于遮蔽状态（Λήθη[遮蔽]）中，乃是以这样的方式，即它的这种遮蔽状态恰恰提供了一种无蔽状态[⑤]：亦即'Αλήθεια[无蔽、真理]。'Αλήθεια[无蔽、真理]乃是把在场者之在场澄明着庇护入无蔽状态之中。在其存在中的存在者作为在场者从'Αλήθεια[无蔽、真理]而来而成其本质。一切存在者之存在的命运的完全的本质丰富性，就依据于在场者之为在场者的无蔽状态，依据于'Αλήθεια[无蔽、真理]，并且从中发送出来。

'Αλήθεια[无蔽、真理]顺从于在场的澄明着的庇护，并且准备把在场者展开于其在场的命运性中。'Αλήθεια[无蔽、真理]乃是

---

① （本有）。——原注

② 此处"居有"(das Ereignen)为"本有"(Ereignis)的动名词形式。——译注

③ 希腊语动词。——译注

④ 希腊语名词。——译注

⑤ 解蔽(Entbergung)。——原注

存在之命运，作为这样一种命运，存在历史之全幅（die Fülle）顺从于它的时代。但'Α－λήθεια［无蔽、真理］，即在场者之为在场者的无蔽状态，却只有当遮蔽状态即Λήθη［遮蔽］发生出来之际才成其本质。因为'Αλήθεια［无蔽、真理］并不排除Λήθη［遮蔽］。无蔽状态并没有耗尽遮蔽状态，而不如说，无蔽状态始终要求遮蔽状态，并且以此方式证明遮蔽状态乃是'Αλήθεια［无蔽、真理］的本质源泉。'Αλήθεια［无蔽、真理］依循Λήθη［遮蔽］，持守于Λήθη［遮蔽］中。而这一点是如此确然，以至于'Αλήθεια［无蔽、真理］本身作为
50 这样一个东西[①]早早地重新陷入遮蔽状态之中，而且是为了在场者之为在场者。在场者承担了相对于它唯一地在其中成其本质的东西的优先地位。因为在场，也即持存入一个世界性敞开域[②]之澄明中，唯有在无蔽状态发生之际才成其本质——不论无蔽状态于此是否特别地得到经验甚至得到表象。实际上，'Αλήθεια［无蔽、真理］并没有特别地在其本己的本质中得到保护。它落入遮蔽状态之中，即Λήθη［遮蔽］之中。'Αλήθεια［无蔽、真理］陷于被遗忘状态。但这种被遗忘状态决不在于：唯有一种人类表象在记忆中抓不住某物，而不如说，被遗忘状态，即落入遮蔽状态中，乃随着'Αλήθεια［无蔽、真理］本身一道发生，为的是在无蔽状态范围内在场的在场者的本质。Λήθη［遮蔽］乃是存在之本质的保真（Wahrnis）的被遗忘状态。如此，Λήθη［遮蔽］就是每一种存在方式之支配地位的本质源泉和本质来源。“存在之被遗忘状态”（Seinsver-

---

① 保持、停留——据此才是ὀρθότης［正确性］。——原注

② 此处“一个世界性敞开域”原文为 ein welthaft Offenes，英译本作 a worldly openness。——译注

gessenheit)这个被简化的、因而容易受到误解的表达说的是：存在之本质，即在场，连同它从'Αλήθεια[无蔽、真理](作为后者之本质的居有事件)而来的本质来源，与 'Αλήθεια[无蔽、真理]一道都落入遮蔽状态之中了。[①] 随着这种向遮蔽状态的脱落，'Αλήθεια[无蔽、真理]和在场之本质就隐匿自身。只要它们隐匿自身，则它们[②]就是人类觉知和表象所不能通达的。人类思想因此不能思念无蔽状态以及在其中的在场的本质。如此无能于思念，人类思想自始就遗忘了存在之本质。然而，人类思想之所以处于这样一种存在之本质的遗忘中，只是因为这种本质本身就发生为被遗忘状态，即向遮蔽状态的脱落。[③] 这种发生[④]乃依据于，世界作为存在之本质的保真拒不给出自己。有关这样一种拒予自行发生的暗示 51
(Wink)，隐蔽于存在之命运中，这种命运顺应于存在之被遗忘状态的时代，而且这个时代恰恰作为在其存在状态中的存在者之解蔽的时代，规定着西方－欧洲的历史，直至其今天向全球总体的展开。这种向全球总体的展开乃是一个前提，决定了以下事实，即：围绕地球统治地位的现代斗争集中到当今两大"世界"强国的地位上了[⑤]。

---

① 停留于其中。——原注

② 直接地。——原注

③ 区分之遗忘：物之失保护过程——世界之拒不给予。——原注

④ 此处"发生"原文为 Ereignis，显然联系于前句的动词"发生"(sich ereignen)。在别处我们也把这个作为后期海德格尔思想之基本词语的 Ereignis 译为"本有"。——译注

⑤ 海德格尔这里指的"当今两大'世界'强国"当然是指当时的美、苏两霸。——译注

世界之拒予作为物[①]之失保护过程而发生。世界之拒予与物之失保护过程乃处于一种独一无二的关系中。作为这种关系，它们尽管并不相同，但却就是同一者。[②]

然则世界之拒予以何种方式发生为物之失保护过程呢？答曰：以集－置本质性地现身的方式。它把一切在场者订置为存料之存料部件的持存者。如此这般订置在场者之际，集－置便把一切在场者都摆置入无间距状态之中。集－置关涉一切在场者之为在场者的在场。集－置因此在其本质中就是存在者之存在，处于存在的极端的、也许已完成的命运中。

集　置乃是现代技术的本质。集－置的本质是存在者之存在本身；并非一般地，也并非历来如此，而是现在，在存在之本质的被遗忘状态完成之际。存在之被遗忘状态的这样一种完成的发生(Ereignis)首先规定了时代，其途径是现在存在以集－置方式成其本质。此乃通过集－置完成了物之失保护过程的时代。然而世界，在世界化之际居有物之物化的世界，依然蔽而不显，尽管它的遮蔽状态恰恰允诺了在场者之无蔽状态，因而允诺了在场，即存在
52 者之存在。世界，把存在之本质保存起来，并且把存在发送到其命运之中的世界，就是存在自身。

集－置，以物之失保护过程的方式贯通并支配着在场者之为在场者的集－置，就是存在自身。

世界与集－置乃是同一者。但再说一遍：同一从来都不是相

---

① 在场。——原注

② 注意此处“相同/者”(das Gleiche)与“同一/者”(das Selbe)的分别。——译注

同者。同一同样也不只是同一性的无区分的叠合。[1] 而毋宁说,同一乃是区分之关系。必然地在这种发生的关系中被保持、也即被保护、也即被保存的,因而在严格意义上被抑制住的东西,是同一的(selbig)。世界与集－置是同一者,因而于其本质的极端处被相互对立起来。

但世界与集－置的对立却不是一味现成的,因而可表象的现成对象之间的对立。这种对立自行发生。它在作为存在本身的本质现身者的同一者(das Selbe)中发生。由于集－置把一切在场者都订置入存料之中,集－置就把在场者之在场置于其本质来源即'Αλήθεια[无蔽、真理]之外了。集－置在订置存料之际让无间距状态占了上风。一切都被看作相同的。对于这种被看作相同的无关痛痒的东西来说,重要的不再是它自身是否以及如何还作为无蔽者而对立于他者即遮蔽者而在场。

集－置在订置存料之际,使无蔽状态及其本质落入完全的被遗忘状态中了。作为存在之本质的集－置使存在置于其本质之真理之外,撤销了存在之真理。

由于集－置本质性地现身,存在自身便自行撤销了其本质之真理,但每每又没有能够在这种撤销和自行罢免中与存有(Seyn)之本质区分开来。只要集－置本质性地现身,存在之本质的保真,即世界,就把自己移离入集－置之统治地位中,集－置通过物之失保护过程而拒绝了世界。

---

① 注意此处“同一/者”(das Selbe)、“相同/者”(das Gleiche)与“同一性”(das Identische)之区别。——译注

于是乎，在集－置之本质和支配作用中，世界之世界化的到达
53 便被扣留了。只不过，这种世界之扣留的发生（Ereignis）恰恰保养着一种对世界之世界化的隐蔽疏远。①

在集－置中，在作为完成了的存在本质之被遗忘状态的命运的集－置中，以不起眼的方式闪耀着世界之远远到达的一束光芒。只要世界拒不给出其世界化，那就不是世界什么都没有发生，而是从拒予中发射出世界的最远之遥远的高度切近。

世界与集－置是同一者。它们都是存在之本质，方式不同而已。世界是存在之本质的保真。集－置是存在之真理的完成了的被遗忘状态。这个同一者，这个木身不同的存在之本质，乃是从自己而来处于一种对立中，而且是以这样一种方式，即世界以隐蔽方式撤销自己而进入集－置之中。但集－置不仅使自己免除了世界之隐蔽世界化，而且在把一切在场者订置入存料中之际，集－置就以世界之世界化的被遗忘状态的完成来对世界胡搅蛮缠。如此这般胡搅蛮缠之际②，集－置就以被遗忘状态置于存在之本质的真理之后。这种后置③乃是在集－置之本质中发生的真正摆置。基于这种后置④，才有那种集－置之摆置，那种以存料之订置的方式把一切在场者摆置入无之失保护过程中的集－置之摆置。集－置所表现出来的摆置的最内在本质，就是我们所刻画的后置。

---

① 唯就集－置是本有（Ereignis）而言才是可能的。——原注

② 过于片面地针对世界。——原注

③ 此处"后置"原文为Nachstellen，其日常含义为"把……置于后面；跟踪、追踪"，我们这里的译文取其字面意义。——译注

④ 在此这个词的用法不同于在理论和观察中的用法，虽然前者与后者不无关联。——原注

在古高地德语中，后置(nachstellen)被叫做：fara。于自身中聚集起来的摆置作为后置乃是危险。危险之本质的基本特征乃是后置。只要作为集-置的存在随其本质之被遗忘状态一道把自身后置，则存有之为存有就是其本己本质的危险。从集-置之本质并且着眼于世界之拒予和物之失保护过程来看，存有就是危险。[①] 54
存有于自身中、从自身而来自为地就绝对是危险。作为后置，即随其本己本质之被遗忘状态而置于这种本质之后的后置，存有之为存有就是危险。这种危险本质[②]乃是自身即世界与集-置——作为向来不同的存有之本质现身——通过把自己放在后面而罢免自己的方式。对我们来说，存有于自身中作为它本身的危险而成其本质，这样一个想法仍然是令人诧异的，而且因为令人诧异，也太过容易被误解了。因为只有当我们思量这一点，即存有，从具有后置作用的集-置出发来看，绝不能被赋予那种出现危险的特征，而是相反地，迄今为止在形而上学中从理念(idea)而来展开自己的存有，按其一直被遮蔽的本质来看乃属于现在作为危险贯通并支配着存有的东西，这时候，我们才能合乎本质地思考上面所讲的事情。

危险乃是于自身中自己聚焦起来的后置，集-置即作为这种后置，以物之失保护过程的方式，以其真理之被遗忘状态而把拒不给出自己的世界置于后面。

技术之本质乃是集-置。集-置之本质乃是危险。存有在其

① 相反。——原注

② 此处"危险本质"原文为 Gefahrwesen，英译本作 essential danger(本质性的危险)。——译注

本质中就是它本身的危险。唯因为存有如此这般地是危险，所以危险于自身中同时也是对人类的存在之思的危险性。这种危险的危险性的区域（思想为了经验存有之本质就必定行驶于其上）乃是以前在别处被叫做迷途（die Irre）的东西——附带要说明的是，这种迷途并不是认识的失误，而倒是属于存在之无蔽状态意义上的真理之本质。[①] 迷途之本质基于作为危险的存有之本质。

在此角度看，危险之危险性乃在于，危险作为它所是的危险遮
55 蔽自己。后置存在之本质之际，集－置把它的危险本质伪置起来。由此，我们首先而且久已根本觉察不到这种存有之本质（在自身中作为其本质之真理的危险而成其本质），如果能觉察到，那也只是艰难地觉察。

我们尚未把危险经验为危险。我们没有把集－置经验为自行后置的，同时又自行伪装的存在之本质。在那种支配着我们与存在之关联的范围内，我们在存在自身中没有经验到存在的危险本质，尽管存在者处处都混杂着危险和困厄。没有为我们指引在存在之本质中的危险，相反，诸种危险和窘境恰恰使我们无视于危险。其中最大的危险乃在于，危险并不显示自身为危险。看起来，仿佛存在本身是不危险的，本身毫无危险的；因为对一些人来说，存在始终还只是最普遍和最空洞的概念；还有什么比一个空洞概念更无害的呢？对另一些人来说，存在是与存在者中最具存在者

---

① 可参看海德格尔：《论真理的本质》（1930 年演讲），载《路标》，中译本，孙周兴译，北京：商务印书馆，2001 年，第 205 页以下。——译注

特性者即上帝相同一的。[1]

如若在唯一的危险中间，往往只有无危险之物以大量偶然窘境的形态做好了准备，那么，在技术之统治地位中集－置之本质所发生出来的危险，就达到了一个登峰造极的地步。

作为每一种危险的后果，出现了一种困厄。困厄逼迫。它迫使……进入束手无策状态，它强制……进入无出路状态。诚然，凡在这种危险遮蔽自己之处，这种困厄也把自己掩蔽起来。因此之故，困厄没有被经验为困厄。诚然，人们遇到了多种多样的困厄和折磨。人们会消除它们，会根据具体情况来减少它们，出于一种最初的乐于助人的精神，通过毫不起眼的作用，想方设法来减缓痛苦，平息困厄。但是，人们仍然不会关注这种困厄。关于这种困 56
厄，在至高危险的极端困厄中间居支配地位的是那种束手无策状态。实际上——但却以隐蔽的方式——就是真正困厄的束手无策状态。

所有人都有自己的种种困厄。无人处于这种困厄中；因为这种危险似乎并不持存。是不是有一些标志让我们能够察觉这种困厄，也即束手无策状态的支配地位呢？是有此类标志。只不过我们没有注意到它们。

数百十万人成群结队地赴死[2]。他们赴死了么？他们是丧命了。他们是被干掉了。他们成了一种尸体生产之存料的存料部

---

① 不过，假如上帝尽管不是存有本身，但却是最具存在者特性者，那么，现在谁胆敢说，这个如此这般被表象的上帝对存有而言是这种危险呢？——原注

② 此处动词“赴死”(sterben)联系于“终有一死者”(die Sterblichen)，区别于“死亡”(Tode)。——译注

件。他们赴死了么？他们是在毁灭营中被悄悄解决掉了。而且，即便没有这种情况——如今在中国，几百万人陷入贫困，因饥饿而毙命。[1]

然则赴死意味着，使死亡分解入其本质之中。赴死可能意味着能够做到这种分解。唯当我们的本质喜欢死亡之本质时，我们才能够做到这种分解。

不过，在无数的死亡中间，死亡之本质依然被伪装了。死亡既不是空洞的虚无，也不只是从一个存在者向另一个存在者的过渡。**死亡属于从存有之本质而来被居有的人类之此在**。所以，死亡庇藏着存有之本质。死亡乃是存有本身之真理的最高的庇护之所，[2]这个庇护之所于自身中庇藏着存有之本质的遮蔽状态，并且聚集着存有之本质的庇藏。因此之故，只有当存有本身从其本质之真理而来，把人之本质归本于存有之本质时，人才能够死亡。**死亡乃是在世界之诗中的存有的庇护之所**。能够做到在其本质中的死亡，这意思就是说：能够赴死。能够赴死的人才是终有一死者（在此词的基本意义上）。到处都有无数令人恐怖的未赴死之死亡[3]的大量困厄——不过，死亡之本质依然对人伪装起来了。人还不是终有一死者。

57 不可估量的苦难爬行或飞奔于大地上。苦难的洪流始终还在

---

① 海德格尔这个系列演讲作于1949年12月1日至1950年3月25—26日，即中华人民共和国成立之初。——译注

② 此处“庇藏”原文为bergen，“庇护之所”原文为Gebirg，两者有词根联系；英译本分别作harbor和refuge。——译注

③ 此处“未赴死之死亡”原文为ungestorbene Tode，英译本作undying death。其中“未赴死的”(ungestorben)是动词“赴死”(sterben)的完成时之否定式。——译注

上涨。但痛苦的本质却遮蔽自己。痛苦乃是包含着世界之四重整体之轮廓的裂隙①。从此轮廓中，伟大之物获得那种对人来说过大的尺寸。在痛苦之裂隙中，高度延续之物保持其延续。痛苦之裂隙把恩宠之隐蔽运行撕扯入一种新的恩惠之到达中②。所到之处，无数和极度的苦难向我们涌逼。然而我们是无痛苦的，没有被归本于痛苦之本质。

一种可怕的贫困化流传开来。贫者之队伍不断增长。但贫困之本质却遮蔽自己。在贫困中发生的，是一切本质性的东西中的质朴者和柔和者毫不起眼地变成一种本己性，即延续的世界的事物喜欢居于其中的本己性(Eigentum)。

死亡即存有的庇护之所，痛苦即存有之轮廓，贫困即向存有之本己性的解放，这些乃是让人觉察到那种危险的一些特征，那就是：**这种**困厄在巨量的困厄中间付诸阙如，**这种**危险并不作为危险而**存在**。危险由于被集－置所伪装而遮蔽自己。集－置本身又反过来在它使之成其本质的东西中掩蔽自己，也即在技术中掩蔽自己。由此也出现以下情况，即我们与技术之本质的关系是那么古怪。何以说它古怪呢？因为技术之本质并没有作为集－置，集－置之本质并没有作为危险，危险并没有作为存有本身而得到揭示，所以，恰恰在现在，在一切都越来越被技术现象和技术的作用所渗透之际，我们到处还误解了技术。我们要么太过短视要么太过仓促地思考了技术。

---

① 此处译文未显示“轮廓”(Grundriß)与“裂隙”(Riß)之间的联系。——译注

② 此句中的“恩宠”(Gunst)和“恩惠”(Huld)，英译本分别作 guards 和 fevor。——译注

因为现在我们可能已经尝试过了，对于有关技术、集－置和危险所做的探讨干脆做如下反驳：技术是一种危险，这是人们如今处处十分透彻而响亮地宣告出来的。许多人在判断上已然更进一步
58 了。人们断言，技术是高级文化的厄运；因为技术把一切都强拉入单纯的文明之中。有人说，技术是现代世界的灾难。现代世界更确凿的没落将根据技术的不可遏制的统治地位计算出来。

在今天，此类判断时而激动地和告诫性地被宣告出来，时而又迟疑地和胆怯地被发表出来。它们以多样的变种规定了关于技术的流行意见，尽管人们同时贪婪地追逐技术的最新进步，也许甚至是不得不追赶技术的最新进步。但事实上重要的并不是，在这里关于技术的判断和态度会自相矛盾，而且这种矛盾或许会被当作反抗。在我们的此在中什么不是自相矛盾的，尽管如此还是真实的，也许还比完全符合逻辑的东西更真实呢？现在在关于技术的所谓判断中，我们只关注它们是怎样表象技术的。它们不是从技术之本质和起源的角度来考察技术的。而毋宁说，它们考察技术的目的在于技术对于所有现实之物的作用，而关于现实之物，人们以为，它是在技术的本质领域之外自为地出现的：文化、政治、道德、宗教。人们推算，技术（也许是各种现实中的一种）如何与所有其他现实相关涉。人们追踪技术，看技术如何促逼其他现实，如何摆置其他现实，以征用侵袭其他现实，同时为利用或者损害而开发其他现实，或者破坏其他现实。人们技术地考察技术。这种考察方式诚然符合于技术；它已经屈服于技术利用的强力。只不过，关于技术的技术判断因此也决不能通达技术之本质。它极少能通达那儿，以至于它甚至堵塞了通往技术之本质领域的道路。上面举

出的表态从来没有思量过技术之本质。因为它们的陈述没有从技术之本质而来说话，所以，种种评判都是外在的和肤浅的。因此之 59
故，人们是否把技术当作厄运来加以唾弃，抑或把技术当作人类的最大进步来加以赞扬，把技术宣告为人类的救星，这都是无关紧要的。对技术的态度还是含糊不清的，因而是多重分裂的。如若没有去冒险一试思想的步骤，这一步使我们的人类本质遭受技术之本质(不光是技术的运用和利用)，那么，人们就会在不同情况下、在不同形势中完全窒息于分裂状态。而且恰恰通过这种分裂，人们耽搁了人们根本上要追求的东西的可能性，即通过人类行为来掌握技术以及人道地控制技术的可能性。然而，只要连关于技术之本质及其与人类本质的本质关系的问题都没有严肃地对待，则上面所讲的这一点如何可能以伟大的风格合乎人性地，并且在一种历史性意义上发生呢？只要我们压根儿还没有发觉，我们必须首先在思考之际开启和进入技术之本质领域，方得以进而在这个本质空间范围内明确地以技术方式行动和思索，那么，关于技术，我们就不可能做出任何实事求是的决断。

然而，确实存在着一些关于技术的学说，它们主张，技术既不是某种恶的东西也不是某种善的东西。人们说，技术是中性的；一切都取决于，人类拿技术做什么，用技术做什么；一切都取决于，人类是否有能力掌握技术，因而准备使技术服从于更高的目的；一切都取决于，人类是否能够在道德上和宗教上控制技术。

没有人会否认，这样一种关于技术的表态是有严肃责任的。然而——就连这种关于技术的观点也像前一种表态一样，没有思及技术的本质；因为，谁若把技术冒充为某种中性的东西，他就愈

加只是把技术表象为工具，人们用来引起和订置他物的工具。谁若把技术看作某种中性的东西，他就又只是工具性地，也即技术性
60 地来表象技术。不过，在技术之技术要素中，技术之本质并不持存，而只是遮蔽自己。

技术之本质本身并不是技术要素。诚然，那些把技术视为某种中性的东西的人们唤起了一种令人棘手的假象，仿佛恰恰是他们客观地考察技术（若不是把技术视为自在的），也即摆脱任何评价来考察技术。不过，这个假象是骗人的。人们蛮可以把技术看作某种恶魔般的东西，或者某种神性的东西，或者某种中性的东西，在所有这些表象和评价中，人们预先已经在无意间达成一致，认为技术是用于某个目的的手段。被看作手段的技术落入人类之手中了。被表象为手段的技术被视作其他种种现实中的一种。谁若把技术当作手段，有意或无意地，那么看起来，技术似乎在任何情况下都得到了积极评估，似乎完成了一种关于技术的相称的辨析。但实际上，当技术工具性地被视为手段甚或器具时，技术本质上便被贬低了。技术被视为其他许多存在者中间的某个存在者，但其实在技术中并且作为技术，存在本身本质性现身。与之相反，如果一种思想尝试在一种普遍的摆置的支配性聚集中，也即在如此有待思考的集－置中来经验技术之本质，那么，在这样一种思想中，无疑蕴含着一个未经明言的要求，即以一种在今天思想范围内几乎再也不能被赶超的方式来评价技术之本质。在此我们绝不提关于技术的通常意见，以便给它们清算一下，它们疏忽了思想，抑或为了指摘它们从来都没有达到技术之本质，或者甚至是为了把它们当作错误判断来加以反驳。以多样变种占上风的，并且具有

历史必然性的关于技术的意见，现在之所以被提到，只是为了说明，技术之本质的统治地位恰恰也把关于技术的人类表象订置入其集取之中了。

技术之本质强力并不首先依据于高频机械的效用，而倒是在 61
于，技术首先和多半只是技术地向人类表象呈现自己。技术之本质，即集－置，推进它自己的伪装。

即便在人们偶尔模糊地感觉到，在某个时刻清晰地承认，技术早已摆脱了作为手段的单纯应用，相反，技术本身倒是把人类当作它的工具拉到自己后面来，不论是人类盲目地跟随这种拉扯，抑或人类不断地努力，根据技术的效用把技术转变为有益的和有用的东西，即便在这个时候，人们也已经经受了上面讲的集－置的自行伪装了。即便人们承认，技术最后终究比人类手上的一个手段更多，终究不同于后者，这时候，人类也依然已经经受了技术之本质的谜一般的自行遮蔽。

然而，技术并非最后才不再是一个单纯的工具，相反，从其本质开端而来，技术从来都不曾是人类手上的一个手段。技术自始就摆脱了作为手段的待遇，尽管技术之成就和作用的日常假象假装成另一个东西。

但当人们间或模糊地猜度，技术实际上可能是某种不同于手段的东西时，人们其实只是借助于高调的但未经思索的词语，使自己出离于一种从技术之本质而来已经侵袭了人类本质的幽暗涌逼的魔力。人们说，技术是某个恶魔。人们说，这个技术恶魔把人类的意志和行动带入一种悲剧性的纠缠之中了。在我们这样一个贫困时代里，人们不该把从一个大气地思想的时代而来的语言的词语强拉过来——在这个时代里，恰恰是崇高地被思考的东西，而且唯有这个东西，才照亮和保持了诸神即δαίμονες[精灵]和命运即τ
62 ύχη[命运]的显现领域。对所谓技术精灵及其悲剧性后果的迷惘恐惧，实际上就是对思想的畏惧，这种思想思考存在（*ist*）的东西，这种思想处于理智的技巧和机敏之外，但也处于多愁善感之外，它清醒地寻找自己通向有待思想的东西的道路。技术本质上既不是某个目的的手段，它本身也不是一个目的。技术的本质在目的和手段领域之外，这个领域是由因果作用规定的，因而被界定为现实领域。技术本质上根本不是其他种种现实中间的一种现实。技术乃是如今一切现实领域的现实性的基本特征。现实性之基本特征乃是在场状态。在场属于存在本身的本质。技术之本质乃是在集－置之本质形态中的存有自身。而集－置之本质乃是危险。但让我们来清楚地思量一下：集－置之所以是危险，并不是因为它是技术之本质，并不是因为可能从技术中产生出威胁性的和危险的作用。构成危险的并不是作为技术的集－置，而是作为存有的集－置。危险之本质现身乃是存有本身，因为它随着其本质的被遗忘状态而追踪[①]其本质的真理。因为技术之本质并不是存有本身，所以我们用这个陌生的名称“集－置”来命名技术之本质。

我们既已在若干点上思量了实事，即作为当今存在者之存在的技术之本质，那么也就可以简单地来说说表示这种技术之本质的名称，即“集－置”（Ge-Stell）一词。

德语中的“摆置”（stellen）一词对应于希腊文的θέσις[设、

① 此处“追踪”（nachstellen）或译为“后置于”。——译注

置]——假如我们能以希腊方式来思考θέσις[设、置]的话。在此情形下,什么叫"以希腊方式思考"呢?意思就是:去关注存有之本质的何种澄明以何种方式要求古希腊人的此在(Dasein);意思就是要预先思量,希腊人置身于何种存在之无蔽状态的何种命运当 63
中;因为希腊人的语言曾依照这种命运之要求而说话,这种语言的每个词语现在还在说话。这样一种对希腊因素的关注比从事古典语文学要困难一些。这样一种关注因此也比这门科学更多地遭受迷误。以希腊方式思考并不意味着:仅只以古典语文学的学说为标准。倘若只是这种意思,那么,我们便会碰到一种危险,就是把思想及其有待思想的东西送交给一种历史学的表象了,而这种历史学的表象作为科学之所以存活下来,是因为它不知道自己的棘手的前提。当我们以希腊方式思考时,θέσις[设、置]一词说的是什么呢?θέσις[设、置]意味着:摆置(stellen)。这种摆置对应于Φύσις[涌现、自然],而且它是从Φύσις[涌现、自然]而来在Φύσις[涌现、自然]的领域范围内并且朝着Φύσις[涌现、自然]来规定自己的。这就指示着,在Φύσις[涌现、自然]本身中隐藏着某种θέσις[设、置]特征。在希腊世界里,通过φύσει[涌现]和θέσει[设、置]两词道出了一种主要区分。它涉及在场者之为在场者的在场方式。这个区分关涉在场者之在场,也即存在。θέσει[设、置]、θέσις[设、置]因此是在与存在的关联中得到思考的。所以,在存在历史的第一个时代里,就已经昭示出存在与摆置的关系了。如果我们注意到这一点,那么,下面这回事情自始就不可能让人惊诧了,即:在下一个时代,存在按照集-置意义上的摆置的方式一度发生出来,而我们——这是要一再提醒的——必须像植物一样以合乎集-置的方式来思考，而且那是作为生长之聚集的植物。[1] 集－置：前面所描述的后置和订置意义上的摆置之聚集。令人诧异的是存在之本质进入一种与摆置的本质关系之中，令人诧异的只在于，人们几百年来从未追问过这种关系。在存在命运之早先，在存在亦即在Φύσις[涌现、自然]中，有一种θέσις[设、置]特征成其本质，这一点是在何种意义上、以何种方式显示出来的呢？

64 Φύσις[涌现、自然]说的是：从自身而来自行澄明着的涌现[2]，把涌现着在场的东西从遮蔽状态带出来，使之进入无蔽状态之中。Φύσις[涌现、自然]乃是自行澄明的涌现着的带－出－来[3]。但在这里，我们不可在约莫不差和太过流俗的含义上来意指“带出来”(hervorbringen)一词，这种流俗含义似乎是用不着解说的。相反，我们必须严格地在一个统一维度里来思考“带出来”一词，这个维度乃由遮蔽状态(Λήθη[遮蔽])和无蔽状态(’Α-λήθεια[无蔽、真理])结合起来的，两者本质上相互对待，也就是说，两者相互保持在自己的本质中。在希腊的Φύσις[涌现、自然]意义上来思考的“带－出－来”意味着：从遮蔽状态而来，进入无蔽状态而带出来。这种带出意思是指：从自身而来让某物到来和在场。[4] 唯当Φύσις[涌现、自然]起支配作用时，θέσις[设、置]才是可能的和必需的。因为只有当一个从“带出来”中被带来的东西在场时，在这样一个

---

[1] 此处“生长”(Wachstum)与“植物”(Gewächs)有词根联系，后者在字面上恰好是前者的聚集(Ge-)。——译注

[2] 德文原文：das von sich her sich lichtende Aufgehen。——译注

[3] 此处“带－出－来”(Her-vor-bringen)也有“生产”之义。——译注

[4] Λόγος[逻各斯]：带向呈放(Zum Vor-liegen-bringen)，让呈放(vor-liegen-lassen)。——原注

在场者上面(例如岩石)并且从这个在场者(岩石)而来,通过一种人类摆置,即θέσις[设、置],另一个在场者(一个石阶及其层级)才可能被放置到已经在场者(生荒地)下面来。这个在场者(石阶)以通过人类摆置(θέσις[设、置])即置造(Herstellen)而变得持存的东西的方式而在场。**通过θέσει[设、置]而站立者的在场不同于通过φύσει[涌现]而被带出来的东西**。但显然,连在Φύσις[涌现、自然]中被带出来的、因而在场的东西也可以被表象为一个站－立者(Her-ständiges)。在Φύσις[涌现、自然]中被带出来的东西并不是通过一种人类置造[1],而是通过“从自身而来自行带出来”[2],才进入无蔽之物而站立的。以Φύσις[涌现、自然]方式的带出,现在就是从自身而来的提供,即一种把从自身而来的在场者设置入无蔽状态之中的摆置。Φύσις[涌现、自然],从自身而来设置于无蔽者中,就是让在场者在无蔽状态中在场。[3] 让在场者在场就是存 65
在者之存在。如此这般地,Φύσις[涌现、自然]即“从自身而来涌现着的带－出－来”[4],早先就在一种摆置特征中显示自己,这种摆置并不是一种人类功业,很可能相反地,它为人类的置－造和表－象带来在场者之为在场者,其途径是,它同时使无蔽状态供人类支配,也就是在带出和给予之际把一种进入无蔽状态的庇藏投送出来。然而这种摆置,从自身而来带－出－来的让延续和庇藏,

① ποίησις[创作、制作]。——原注

② 引号为译者所加。——译注

③ “带近”(Nähe-Bringen);在－“场”(An-„wesen“)持续。——原注

④ 引号为译者所加。——译注

还不具有任何的特征，即存有之本质在那种命运（这种命运居有着[1]作为集－置的存有）中显示出来的特征。然则按照后置－订置着的集－置方式的摆置，是在一个隐蔽的渊源中成其本质的——而且是在与Φύσις[涌现、自然]意义上的摆置的本质亲缘性中。

集－置一词命名着技术之本质。技术按照订置和后置的方式成其本质，并不是因为技术程序建造和利用依然作为传动杆和仪器意义上的“框架”[2]向我们显现出来的装置。技术之本质被冠以“集－置”之名，是因为在集－置中被命名的摆置就是存在本身，而在存有之命运的开端，存有就作为Φύσις[涌现、自然]，作为从自身涌现着、带－出－来的投送（Zu-Stellen）来澄明自己。从这种存有之本质，从Φύσις[涌现、自然]而来，存有，即作为集－置成其本质的存有，便获得了自己的名称。

关于作为技术之本质的集－置的本质谱系学，达到并且显示着西方－欧洲的、如今全球性的来自Φύσις[涌现、自然]的存在命运的本质渊源；在Φύσις[涌现、自然]中，作为隐蔽的开端性的存在之本质，在场之无蔽状态发出呼声。自希腊早期时代起，这种呼声（Anspruch）就不再归于沉默。它最后在被尼采当作在相同者
66 的永恒轮回中成其本质的权力意志而表达出来的东西中说话。思想家关于存在所道说的，并非他的观点。所道说者乃是通过思想

① 歧义！——原注

② 此处“框架”原文为 Gestelle，近乎“集置”（Gestell）；英译本作 framework。——译注

家来说话的那种呼声之回响，存有本身正是作为这种呼声成其本质的，在其中自行达乎语言。

要成为一种回响，是要比拥有观点和持有立场更艰难的，因而也是更为稀罕的。成为一种回响，乃是思想的痛苦。思想的激情乃是安静的清醒。[1] 这种激情是无限困难的，因为它比被广泛引用的科学研究的客观性更具危害性。成为一种回响，也即回应存在之呼声，需要有一种语言上的小心谨慎，而这是科学的技术术语的语言风格根本就不能了解的。科学语言的国际性乃是最强有力的证明，表明科学语言的无根基状态和无家园状态，而这绝不是说，语言的根基持存性和家园性通过单纯的民族性根本就已经得到了维持和规定，或者甚至得到了创建。唯在存有之本质中本质性寂静的阴森可怕的呼声之领域内，一种标准语言的家园性才得以生长。

“集－置”这个名称乃是向技术道出的，并且是有所运思地针对技术来倾听的。这个名称说的是，技术之本质规定着存有的一 67
个时代，因为技术之本质即摆置，依据于开端性的存有（Φύσις［涌现、自然］－Θέσις［设、置］）之命运。在存有之命运的早先时期隐蔽于Φύσις［涌现、自然］之本质中的Θέσις［设、置］，即摆置，在康德那里特别地得以形诸语言，因为康德——与之相关涉的存在者之存在的呼声的纯粹回响——把存在之本质作为“绝对设定”、作为对象即在场者的被设定性和被摆置性表达出来了。[2]

---

① 此处译文未传达出“痛苦”（Leiden）与“激情”（Leidenschaft）的字面联系。——译注

② 但被谁设定？人类主体？以何种权利？——原注

集－置乃是被用来表示技术之本质的经过思考的名称，而不是用大逆不道之物的不谐和音肤浅地加以命名的通常流俗词语。集－置说的是：技术不是单纯的文化产品，不是单纯的文明现象。按其本质来看，技术乃是从自身而来起支配作用的摆置（在一切在场者入于存料之中的订置意义上）的聚集。但是，有所订置的摆置的基本特征乃在那种后置中成其本质，作为这种后置，存有本身随着存有之本质的被遗忘状态而追踪[①]它本己的本质。[②] 存有本身成其本质，因为存有以它自身的被遗忘状态而转向它的本质，由此转身避开它的本质。

---

① 此处“追踪”（nachstellen）或译为“后置于”。——译注

② 为什么？如何从本有（Ereignis）而来思考？——原注

4、转向 68

集置的本质是于自身中聚集起来的摆置，后者随着被遗忘状态而后置于它本己的本质真理。由于这一后置展开自身为对作为存料的一切在场者的订置，在其中设置自身，并作为这种存料而起支配作用，由此便伪置了自身。[①]

集置作为危险（Gefahr）而成其本质。但由此已经昭示出作为危险的危险了吗？没有。尽管各种危险和困厄时时处处都过度地逼迫着人类，但这种危险，亦即在其本质的真理方面使自己受到威胁的存有本身，却依旧被掩盖和被伪置起来了。这种伪置乃是危险中最危险者。按照这样一种对由集置之订置所造成的危险的伪置，技术看起来总还是人类手中的一个手段。而事实上，人之本质现在已受到指定，去协助技术之本质。

这是说人类不管在什么情况下都无力地听凭技术的摆布么？

---

① 这段话中出现了与“集置”（Gestell）相关的词族，如动词“摆置”（Stellen）、“后置”（Nachstellen）、“订置”（Bestellen）、“伪置”（Verstellen，似也可译为“错置”）等，原文均以 stellen（置）为词根，中译文只好生造了。旧译把 Bestellen 译为“订造”，现改译为“订置”；通常把 Verstellen 译为“伪装”，我们考虑译之为“伪置”。此处未出现的相关词语还有 Vorstellen 和 Herstellen，通常把 Herstellen 译为“制造”，我们则译之为“置造”，唯 Vorstellen 一词难以表达词根之“置”，仍作“表象”——虽然也无妨于译为“置象”，但似乎动作太大，容易引起混乱。——译注

不是。意思完全相反；不光是相反，而是本质上要丰富得多，因为它说的是另一回事。

如果集置乃是存有本身的一个本质天命，那我们就可以猜度，集置乃作为存有之本质方式之一种而发生变化。因为天命中命运性的东西听命于每一种天命发送。[1] 听命意味着：准备去顺应被给予的指令，去期待另一个依然被掩蔽着的天命。命运性的东西本身每每走向一个别具一格的瞬间，这个瞬间把命运性的东西发送到另一种天命中去，但命运性的东西并没有简单地在另一种天命中灭亡或者消失。我们依然太无经验、太欠思虑了，不能根据天
69 命、天命发送和听命来思考命运性的东西的本质。我们依然由于习惯而太容易根据发生之事来设想命运性的东西，并且把这种发生之事设想为在历史学上可断定的事件的一个过程。[2] 我们把历史摆置入发生之事的领域里，而不是按其本质来源、根据天命来思考历史。但天命本质上乃是存在之天命，而且存在本身自行发送，向来作为一种命运而本质性地现身，并且因此命运性地发生变化。如果说在存在中，现在也即在集置之本质中，发生了一种变化，那么，这决不是说，以集置为其本质基础的技术会被消除掉。技术既不会被打倒，也不至于被打碎砸烂。

如果技术的本质，即作为存有中的危险的集置，乃是存有本身，那么，技术就决不能通过一种单单凭靠自身的人类行为而得到

① 此句中的“天命”（Geschick）、“听命”（sich schicken）与“天命发送”（Schickung）有相同的词根 schick。——译注

② 此句中的“发生之事”原文为 Geschehen；“事件”原文为 Begebenheiten。虽然两者均可译为“事件”，但在德文字面上还是有明显分别的。——译注

掌控，无论是积极地还是消极地。以存在本身为其本质的技术，决不能通过人类而被克服。倘若能，就意味着人类是存在的主人了。

然而，因为存有已经作为技术之本质而听命于集置，而人类之本质却归属于存有之本质——为了作为存在而根据其自身本质得以**保持**在存在者当中，并因此**作为**存有而本质现身，存有之本质需用[1]人类——，所以，若没有人类的协助，技术之本质就无法被引导到其天命的转变之中。不过，技术也不能因此被人为地克服。与此相反，技术之本质将被经受[2]，进入其依然遮蔽着的真理之中。这种经受类似于人类领域里一种痛苦被经受时所发生的事情。但一种存在天命的经受，在此时此地就是集置之经受，每每总是随着另一种天命的到达而发生的，这另一种天命既不能通过逻辑－历史学的方式预先计算出来，也不能作为一个历史过程之序列而通过形而上学的方式虚构出来。因为，历史性的东西甚或在历史学上被表象的发生之事决不能规定天命，而不如说，这个发生之事以及被指派给它的对其持存之物的表象，每每都已经是一种 70
存有之天命的命运性的东西了。

诚然，技术之本质需要人类去经受。但在这里，人类是在其与这种经受**相应**的本质中被需要的。因此，人类之本质必须首先向技术之本质开启自身，这在本有意义上全然不同于人类肯定和促

① 此处“需用”(brauchen)或译“需要”。海德格尔后期常以存在需要人、存在使用人来表达存在与人的关系。——译注

② 此处 überwinden 和 verwinden 都有“克服”之意，但方式和意蕴有所差异，海德格尔有意区分两者，前者是战胜、消除意义上的克服，我们权译之为“克服”，后者是熬过、承受意义上的克服，我们仍译之为“经受”。——译注

进技术及其手段之类的过程。可是，为了使人类留心于技术之本质，为了在技术与人类之间从它们的本质角度形成一种本质关联，现代人首先必须返回到其本质空间的广阔浩瀚之境中去。人类的这种本质空间唯有从关系（*Ver-Hältnis*）中才能获得那个与之适合的维度，而作为这种关系，存有之保真（Wahrnis des Seyns）本身归本于那为存在所需要的人类之本质。人类原先定居于其本质空间中，居住于其中，而如今则不同了，人类无能于现在起支配作用的天命范围内的本质性东西了。考虑到这一点，我们便注意到艾克哈特大师的一句话，我们要从根基处来思考这句话。他说："那并非源于伟人本质者，其功业也将因此化为乌有。"[①]（《谈区分》，第4节）[②]

人类的伟大本质在于它归属于存在之本质，为存在所需要，去把存在之本质守护于它的真理中。因此，当务之急就在于，我们首先要把存在之本质思考为那值得思想的东西，做此思考之际，我们首先要经验，在何种意义上我们受到召唤，首先为这样一种经验探寻一条小径，并且把它拓展到至今难以通行的地方。

71 我们若要做到这一切，则前提只有一个，即：要在似乎总是最切近的、唯一地显得迫切的问题——我们应当做些什么？——之前，先来思量一下：我们必须如何思想？因为，如果行动意味着去协助存有之本质，那么，思想就是真正的行动。所谓协助存有之本

① 此句原文为："die nitt von grossem wesen sind, was werk die wirkend, da wirt nit us."——译注

② 《艾克哈特大师谈区分》，恩斯特·迪特里克斯（Ernst Dieterichs）编，（1913年版的凸版翻印），波恩，1925年，第8页。——原注

质，意思就是说：为存在之本质准备（建造）这样一个场所，存有入于其中而把自身及其本质带向了语言。语言才给予一切思索意愿以道路。若没有语言，一切行为都将缺失它们能够熟悉、并且在其中发挥作用的所有维度。在这里，语言首先决不是思想、情感和意愿的表达。语言乃是那个原初的维度，从根本上说，人类唯在此维度中才能响应存在及其呼声，并且在这种响应中归属于存在。特别地得到实行的这样一种原初的响应就是思想。在思想之际，我们才学会居住于一个领域，即存在之天命的经受、集置的经受于其中发生的那个领域。

集置的本质乃是危险。作为危险，存在远离存在之本质而转身进入存在之本质的被遗忘状态之中，并且因此同时转身背向存在之本质的真理。这一尚未被思考的转身[①]在危险中起支配作用。因此，在危险之本质中，隐藏着一种转向（Kehre）的可能性，在此转向中，存在之本质的被遗忘状态如此这般地转变了，以至于存有之本质的真理随这种转向而特别地投身于存在者之中了。

但是，只有当转向性的危险在其遮蔽着的本质中首度作为它所是的危险而特别地得到揭示时，大抵才会发生这种转向，那种存在之被遗忘状态向对存有之本质现身的保真的转向。也许，我们已经站在这种转向之到达的预先投下的阴影中了。转向何时以及怎样命运性地发生，这是没有人知道的。人们也没有必要知道这个情况。这样一种知识对人来说甚至可能是最有害的，因为人的本质乃在于成为期待者，人在思想之际看护着存有之本质，由此期

① 原文为 Sichkehren，也可译为“自行转向”。——译注

待着存有之本质。只有当人作为存在的牧人期待存有之真理时，72 他才能期待存在之天命的到达，而不至于沦于单纯的知识意愿。

但在危险作为危险而发生、因此才毫无遮蔽地成为危险之处，情形又怎样呢？为了倾听这个问题的答案，我们且来关注荷尔德林在一个诗句中留下的暗示。在颂歌《帕特莫斯》(海林格拉特编，第四卷，第 227 页)的一个后期文稿中[①]，诗人在开篇就说：

> "但哪里有危险，
> 哪里也生救渡。"

如果我们现在比创作这个诗句的诗人还更根本性地来思考这个诗句，如果我们透彻地设想了这个诗句，那么它说的就是：在危险作为危险而存在处，救渡也已然生长了。救渡并不是并排出现的。救渡并不是与危险并肩而立的。如果危险作为危险而存在，那么，危险本身就是救渡。危险乃是救渡，因为它从其隐而不显的转向性本质中带来了救渡。何谓"救渡"(retten)呢？救渡意味着：解开、放开、释放、爱护、庇护、保护、保存。莱辛还以强调的方式在辩护的意义上使用"救渡"一词：就是回置入正当之物、本质之物中去，在其中加以保存。真正的救渡乃是保存、保真。

但危险何在呢？哪里是危险的位置呢？就危险是存有本身而言，危险不在任何地方，又无处不在。它没有任何不同于它自身的

① 荷尔德林：《全集》，历史校勘版，开始由诺伯特·封·海林格拉特编辑，后由弗里德里希·泽巴斯和路德维希·封·皮格诺特续编，第 2 版，柏林，1923 年。——原注

位置。它本身就是一切在场者的无位置的地方。[①] 危险是存有之悬搁(Epoche des Seyns),作为集置而本质性地现身。

如果危险作为危险而**存在**,那么它的本质就特别地发生。但危险乃是后置,作为后置,存有本身随着被遗忘状态而以集置的方式把自己放在了存有之保真的后面。在后置中,这样一件事本质 73
性现身:存有把它的真理撤掉了,使之进入被遗忘状态中,如此这般,存有就拒不给出自己的本质。如果危险因此作为危险而存在,那么,后置就特别地发生,存有本身作为后置就随着被遗忘状态而后置于存有之真理。如若这种“**随着—被遗忘状态—而后置**”[②]特别地发生,那么,被遗忘状态本身就转投而出现了。这样通过转投(Einkehr)而消除了被遗忘状态,它就不再是被遗忘状态了。在这样一种转投中,存有之保真的被遗忘状态不再是存有之被遗忘状态,而是在转投之际转向了存有之保真。如果危险作为危险而存在,那么,存有之保真便由于被遗忘状态的转向而发生了,世界也发生了。世界作为世界而发生,物物化,此即存有本身之本质的远远到来。

随着被遗忘状态而自行后置的存有之真理的自身拒绝庇护着那尚未被允诺的恩惠,即这种自身拒绝自行转向,在这样一种转向中被遗忘状态自行转变,变成存有之本质现身的保真,而没有任由这种本质现身落入伪置之中。在危险之本质中,一种恩惠本质性

① 此处“无位置的地方”原文为 die ortlose Ortschaft。——译注

② 此处“随着-被遗忘状态-而后置”原文为 mit-Vergessenheit-Nachstellen,英译本作 pursuit with forgetting。——译注

地现身并且寓居于其中，那就是从存有之被遗忘状态向存有之真理的转向的恩惠。在危险的本质中，在它作为危险而存在的地方，有向保真的转向，有这种保真本身，有存有之救渡。

如果转向在危险中发生，那么这就只能直接地实现。因为存有除自身外并没有同类。它不是由他者所引发的，它依然自己起作用。存有决不是在一种因果联系中进行的。对于存有本身自行发送的方式来说，根本没有任何起引发作用的东西作为存有走在前面，也没有一种结果作为存有跟在后面。从其被遮蔽状态的特有本质中，存有突兀地发生而进入它的悬搁。因此之故，我们必须注意：危险之转向是突然发生的。在转向中，存有之本质的澄明突
74 然照亮自身。这种突然的照亮乃是闪烁（das Blitzen）。它把自身带入那携带来的和被引进的本已光亮中。当存有之真理在危险之转向中闪烁时，存有之本质便照亮自身。于是，存有之本质的真理就转投矣。这种转投是往何处发生的呢？无非是进入那迄今为止从其真理之被遗忘状态中本质性地现身的存有本身之中。但这种存有本身却作为技术之本质而本质性地现身。技术之本质乃是集-置。作为被遗忘状态之转向的本有，转投转到现在所处的存有之悬搁中。那本真地是（ist）的东西决不是这个或那个存在者。本真地是（ist）的东西，亦即特别地寓居于这个“是”[①]中，并且在其中本质性地现身的东西，唯存有而已。唯有存有才“是”（ist），唯有在存有中并且作为存有才发生这个“是”（ist）所命名的东西；所

---

① 海德格尔此处把系动词现在时直陈式第三人称形式 ist（是）名词化，大写为 das Ist，我们仍然只能把它处理为“是”。——译注

是者乃是从其本质而来的存有。

按照词语和实事来看，“闪烁”乃是观看。[①] 在目光(Blick)中并且作为目光，本质进入它本己的闪耀(Leuchten)之中。贯穿着其闪耀之要素，目光将它所看到的东西重新庇护到观看(Blicken)中去。而同时，观看在其闪耀中又把其来源之遮蔽着的黑暗作为未被照亮的东西保存下来。存有之真理的闪烁的转投乃是观入[②]。在世界之世界化中，我们曾把存有之真理思为天和地、人和神[③]四重整体的映射－游戏。在被遗忘状态自行转向之际，在世界作为存有之本质的保真转投而出现之际，便发生世界向物之失保护过程的闪入(Einblitz)。这种失保护过程乃是以集置之统治地位的方式而发生的。世界向集置的闪入，就是存有之真理向失真的存在的闪入。[④] 闪入是在存有本身中的本有。

观入存在之物[⑤]——这个标题现在指的是在存有中的转向之本有，从对存有之本质的拒绝转向存有之保真的居有。[⑥] 观入存在之物，这就是本有本身，存有之真理就作为这种本有与失真的存

---

① 此处两个动词“闪烁”(blitzen)与“观看”(blicken)，英译本分别作 to flash 与 to glance。——译注

② 注意此处 Einkehr(转投)与 Einblick(观入)的前缀“ein”的关联，另外与此相关的还有 Einblitz(闪入)和 Einsicht(看入)。——译注

③ 或译为“天空、大地、终有一死者和神性者”。——译注

④ 此句中的“存有之真理”原文为 Wahrheit des Seyns(英译本作 the truth of be-ying)，“失真的存在”原文为 das wahrlose Sein(英译本作 unguarded being)，“闪入”原文为 Einblitz(英译本作 the flashing entry)。——译注

⑤ 德语原文为：Einblick in das was ist，即本系列演讲的主题。字面意义为“观入存在着的东西”，但在此上下文中作者其实要把它解为“观入存在”。——译注

⑥ 关－系(Ver-Hältnis)。——原注

75 有相对待。观入存在之物，——这指的是在存有之本质中的情势(Konstellation)。这一情势乃是存有作为危险在其中成其本质的那个维度。几乎从头至尾，“观入存在之物”看起来似乎都只是我们人类从自身出发向存在着的东西投去的一道目光。人们习惯地把存在着的东西看作存在者。因为“是、存在”(ist)是就存在者来说的。但现在，一切都翻转过来了。观入并不是指我们用来认识存在者的洞见，作为闪入的观入乃是在存有本身的本质中，而且是在集置之悬搁中的转向之情势的本有。存在之物决不是存在者。因为，只有当存在者着眼于其存在而被称呼之际，“它是”(es ist)和“是”(ist)才被允诺给存在者。在“是”(ist)中说出了“存在”(Sein)；在构成存在者之存在意义上“是”的东西，乃是存在。

集置之订置把自身摆置于物面前，让物之为物无所维护，让它失真。因此，集置便伪置了那在物中临近的世界之切近。集置甚至还伪置了它这种伪置，就如同对于某物的遗忘遗忘了自己，并且把自身拖入被遗忘状态的旋涡里。被遗忘状态的发生不仅让人落入遮蔽状态之中，而且这种掉落①本身也一同落入遮蔽状态中，而这种遮蔽状态本身还在这种下落中被忽略掉了。

尽管如此——在一切集置之伪置中还亮着一线世界之光，还闪烁着存有之真理。也就是当集置在其本质中作为危险，亦即作为救渡照亮自己时，就有此情形。在依然作为一种存在之本质天命的集置中，有一丝来自存有之闪烁的光明本质性地现身。虽然隐蔽地，集置依然是目光，不是在一种完全遮盖着的灾难意义上的

① 此处“掉落”(Entfallen)取字面含义，另一层含义为“忘却”。——译注

盲目天命。

观入存在之物——意思就是存有之真理向着失真的存在的闪烁。

当观入发生的时候，人类就是为存有之目光所击中而进入自身本质中的东西。人类是在观入中被观看者[①]。

只有当人类在观入之本有中作为被这种观入所观看者而放弃 76
人性的固执，并且离开自身、向这种观入筹－划自己时，人类才在其本质中响－应观入之呼声[②]。如此这般响应之际，人类才被居有，才得以在被保持的世界要素中作为终有一死者与神性者相对而视。别无他法矣；因为如若神存在，那么它也是一个存在者，作为存在者置身于存有及其从世界之世界化而来发生的本质现身中。

只有当观入发生时，技术之本质才作为集置而照亮自己，我们才认识到，在存料的订置中，作为世界的存有之真理如何拒不给出，我们才发觉，一切依照订置方式进行的单纯意愿和行为都固守于失保护过程。因此，对于以普遍历史学方式被表象的世界的一切单纯安排也都还是失真的和无根基的。一切对未来的单纯追逐本身都还活动在技术－计算性表象的姿态中，只要未来图象是这样被计算出来的，即人们把半拉子地被思考的当前之物延伸到被掩盖起来的到来者之中。以形态学、心理学方式把持存现实清算为没落和遗失、清算为厄运和灾难、清算为毁灭，所有此类尝试都

① 注意此处“被观看者”(Erblickten)与“观入”(Einblick)的词根关联。——译注

② 此句中的两个动词“筹－划”和“响－应”均带以连字符号“-”予以间隔，书作 ent-werfen 和 ent-sprechen。——译注

只不过是一种技术行为。这种行为运用列举各种症状的装置，而所列举的症状的存料可以无限扩大并且不断翻新花样。这样一种对处境的分析没有注意到，它们只是按照技术分块(Zerstückung)的方式并且只是在此意义上活动，并且因此为技术意识提供了与之相应的、对事件的历史学上和技术上的描述。然而，任何一种对作为事件的历史所做的历史学表象，都不能把人带入与天命的适恰关联之中。

一切单纯技术性的东西都决不能达到技术的本质。它们甚至不能认识技术的前庭。因此之故，当我们尝试言说"观入存在之物"之际，我们不是在描述时代境况。存有的情势[①]自己允诺给我们。

77 然则我们尚未倾听之，我们是在技术的统治之下被无线电和电影搞得晕头转向的人。存有之情势乃是作为物之失保护过程[②]的世界之拒予。拒予[③]不是一无所有，它是在集置之统治范围内的存有的至高奥秘。

上帝是活着还是死了，这不能通过人的虔诚来决定，更不能通过哲学和自然科学的神学抱负来决定。上帝是不是上帝，这是根据存有之情势并且在这种情势内部发生的。只要我们没有在运思

---

① 在此，海德格尔区分了状况(Stuation)和情势(Konstellation)，前者是对时代的历史学上的描述，后者是在存在历史中来看的存在之真理发生的情形、态势。——译注

② 区分之遗忘；语言。——原注

③ 关－系(Ver-Hältnis)。——原注

之际经验到存在着的东西，我们就决不能归属于那个将存有的东西[①]。

发生了对于存在之物的观入吗？

作为被观看者的我们如此这般地被纳入存有之本质目光中，以至于我们再也逃脱不了这种目光吗？我们由此能进入那种在物物化之际使世界临近的切近之本质中吗？我们能栖居在这种切近中，以此为家，以至于我们原初地归属于天、地、人和神四重整体吗？

观入存在之物，这事发生了吗？我们能通过一种入于技术之本质，并且在其中发觉存有本身的观看来响应这种观入吗？

我们能在技术之本质中看见存有之闪烁吗？我们能看见那来自寂静，并且作为寂静本身的闪烁吗？寂静有所抑止。寂静抑止什么呢？它把存有抑止入世界之本质中。[②]

世界世界化之际，乃是一切临近者中最切近者——当它使存有之真理接近人类、并且因此使人归本于本有时，它就临近了。

---

① 此处“将存有的东西”原文为 was seyn wird，其中使用了动词 seyn（存有）。后期海德格尔较多地使用名词 Seyn（存有）。——译注

② 语言！——原注

思想的基本原则
1957年弗莱堡演讲

1、演讲一[①]

思想的基本原则指导并调节思想活动。人们因此也把思想的基本原则称为思想规律。[②] 这些思想规律包括同一律、矛盾律和排中律。按流行之见，这些思想规律适用于每一种思想，不论所思考的是什么，也不管这种思想如何进行。这些思想规律不需要任何考虑，既用不着考虑每一种被思考的对象的内容，也用不着考虑思想过程的形式，也即方式。既然在内容上是空洞的，这些思想规律就是纯粹的形式了。构成概念、下判断、做推论，都是在这些思想形式中进行的。因此，思想的空洞形式就可以用公式表达出来。同一律的公式是 A = A。矛盾律的公式是：A 不是非 A。排中律的公式是：X 是 A 或者非 A。

上述思想规律的公式以某种令人奇怪的方式相互交织。所以，人们也曾试图对它们作一种相互推导。这有多种做法。对于矛盾律“A 不是非 A”，人们可以把它设想为肯定的同一律“A 是

---

① 同“思想的基本原则”，载海德格尔：《同一与差异》，《全集》第 11 卷，中译本，孙周兴等译，北京：商务印书馆，2011 年，第 121 页以下。——译注

② 德文原文 Denkgesetze，通译为“思维规律”。本文中出现的三个意义相近的德文词语 Grundsätze，Gesetze，Satz，我们分别译之为“基本原则”、“规律”和“原则”。但 Satz 有多重含义，我们视上下文分别处理为“原则”、“定律”和“命题”。——译注

A”的否定形式。但也可以反过来：同一律，就它以一种被掩盖了的对立为依据而言，可以视为矛盾律的尚未得到展开的形式。排中律或者表现为同一律和矛盾律的直接结论，或者可以被理解为同一律与矛盾律的中间环节。不管如何讨论这些思想规律，人们都认为它们是直接明了的，甚至常常认为，情形必定如此。因为准确地讲，这些思想的基本原则是不能证明的。实际上，任何一种证
82 明已经是一种思想活动。从而任何一种证明都已经服从这些思想规律了。在这里，为了首先表明这些思想规律的真理性，这种证明如何能够要求凌驾于这些思想规律之上呢？但是，即使我们把这些思想规律的可证明性或者不可证明性的问题看作一个不适合的问题，也依然存在着以下危险，即：我们在考察上述思想规律时会卷入矛盾之中。面对这些思想规律，我们会陷入一种奇怪的境地当中。因为，只要我们试图把思想的基本原则带到我们面前，它们就不可避免地成为我们思想的课题——以及我们思想的规律。在我们后面，可以说在背后，任何时候都已经隐藏着思想的规律，并且控制着我们关于思想规律的思索的每一个步骤。这个提示初眼一看即可了然。它似乎一下子就阻止了每一种想合乎实情地思考思想规律的尝试。

但是，一旦我们注意到在西方思想上的一个事变，上述假象即可冰释。历史地看，这个事变（Vorfall）几乎可以回溯到一个半世纪前。这个事变表现在：通过思想家费希特、谢林、黑格尔的努力——已经由康德作了准备——思想被带入它的可能性的另一个维度之中，另一个在某些角度看最高的维度之中了。思想有意识地变成了辩证的。连荷尔德林和诺瓦利斯的诗意沉思也在这种辩

证法区域内活动，甚至更激烈地为它未经探测的深度所触动。理论－思辨的、得到完全阐发的辩证法向其领域的封闭状态的展开，是在黑格尔的著作中完成的，这部著作名为《逻辑科学》。

思想藉以进入辩证法维度之中的这个事变，乃是一个历史性的事变。所以，这个事变似乎隐藏在我们背后。这个假象的存在是由于我们习惯于以历史学方式来表象历史[①]。在下面的探讨过程中，我们与历史的关系将一再牵涉进来。因此，我们就要在对这 83
种关系的预见中关注以下讨论。

只要我们以历史学方式来表象历史，历史就显现为事件，但这个事件却是处于前后相继序列中的事件。我们自己就出现在这个事件所流过的当前中。从这个当前出发，过去之物按照当前之物被清算。为当前之物，将来之物得到规划。关于作为事件的相继序列的历史的历史学表象阻碍人们去经验，真正的历史如何在某种本质性意义上始终是当－前（Gegen-wart）。所谓当前，我们在这里并不把它理解为在瞬息间的现在中径直现成的东西。当前乃是迎面等待着我们的东西，等待着我们是否以及如何去遭受它或者对它锁闭自己。迎面等待着我们的东西走向我们，接近我们，乃是恰当地得到思考的将－来（Zu-kunft）。这个将－来贯通并支配着作为一种指望（Zumutung）的当前，这种指望与人的此－在（Da-sein）相关涉，这样或那样地要求着人，从而使人在将－来之要求中对将－来做出猜度。唯在这样一种猜度的气氛中，才生长出追问，那种本质性的追问，它始终属于无论何种领域中的每一个

① 此处“以历史学方式”原文为 historisch，“历史”原文为 Geschichte。——译注

纯粹作品的生产。

一个作品之成为作品，只是由于它符合将－来之指望，并且由此把曾在之物翻放到它隐蔽的本质之中。伟大的传统作为将－来走向我们。它决不通过对过去之物的清算而成为它所是的东西：指望、要求。正如每一个伟大的作品本身都必定首先唤醒和塑造了那种每每把在作品中隐蔽的世界带向开放之境的人们，同样地，作品之生产本身也必定先行听见了被允诺给作品的传统。人们习惯于讲的一件作品的创造性和天才，并非起于一种来自无意识的情感和奇想的冲动，而毋宁说，它乃是对历史的清醒顺从，而这种顺从基于那种可能倾听的纯粹自由。

84 真正的历史乃是当－前。当－前乃是作为对开端之物的指望的将来，也就是作为对已然持存之物、本质性地现身之物及其隐蔽聚集的指望的将来。当－前乃是与我们相关涉的曾在之物的要求。当人们说历史压根儿没有带来什么新东西，这时候，如果这话指的是，只存在着始终相同的千篇一律的东西，那么，这话就是不真的。但是，如果"太阳下没有新东西"这个句子讲的是：只存在着在开端之物的无可穷尽的变化力量中的古老之物，那么，这个句子就触着了历史的本质。历史乃是曾在之物（das Gewesene）的到达。这个曾在之物，这个已然本质性地现身的东西，而且只有这个东西，走向我们，接近我们。但过去之物却离我们而去。对于历史学的计算来说，历史就是过去之物，当前就是现实之物。不过，现实之物始终是永远无将来的东西。我们已经为历史学所淹没，难得获得对历史的洞察了。报纸、无线电、电视和袖珍书是今天决定性的，同时也是全球性的对过去之物的历史学计算的形式，也就是把过去之物现实化为现实之物的形式。倘若人们想摒弃这个过程，那是一种蒙蔽；盲目地推动这个过程，而不是深思其本质，那也是一种蒙蔽。因为这个过程就属于我们的历史，属于向我们走来、接近我们的东西。

于是，我们也把思想进入辩证法之维度中了这样一个事变称为历史性的事变。

说辩证法是一个维度，这是什么意思呢？首先，什么是辩证法以及这里所用的维度一说意指什么，还是不清楚的。诸如维度之类的东西，我们是从空间领域中来了解的。维度的意思犹如延展、范围：我们说，一个工业设备有大维度，就是说，它有大规格。但我们也说我们所熟悉的三维空间。与线相区别，面是另一个维度。但线不只是在面上伸展的，相反，面与线的多样性相关，是另一个
把这种多样性纳入自身中的面之尺度的区域。相同的情形也适合 85
于与面之多样性相关的体。体、面、线包含着一个各个不同的尺度。如果我们局限于空间，那么，维度就表明自身为一种尺度的区域。在这里，尺度与区域并不是两件不同的甚或分离的东西，而倒是同一件东西。尺度总是给出和开启出一个区域，尺度在此区域中安家并且因此才能成其所是。

如果我们必须把辩证法标识为思想之维度，并且甚至把它承认为在形而上学历史进程中最高的思想维度，那么，现在这就是说：由于思想成为辩证的，思想就进入一个迄今为止仍锁闭着的尺度之区域，即用来界定其本己本质的尺度之区域。通过辩证法，思想赢获了那个区域，在此区域范围内，思想才能完全地思考自身。由此，思想才达到它自身。在辩证法之维度内，下面这回事情以一

种凿凿有据的方式显示出来：思想不仅包含着自我思考、自我反映、反思的可能性，而是包含着自我思考、自我反映、反思的必然性。思想为何是反思以及以何种方式是反思，只有在辩证法维度内才完全显露出来。但由于思想思考自己并且必定作为思想思考自己，思想作为表象决不与它的对象脱离开来；而毋宁说，思想只有这样才赢获了中介作用以及与对象的充分统一。因此，思想的辩证过程决不是可以通过心理学方式加以考察的人类意识中的表象的单纯序列。思想的辩证过程乃是一切对象之对象性整体中的基本运动，亦即在以近代方式被理解的存在中的基本运动。我们西方　欧洲思想已经达到了它自柏拉图以来得到勾勒的辩证法维
86 度，这个事件乃是一个世界历史性的事件。它处处作为当前之物以不同形态走向这个时代的人们。

但是，对我们这里要处理的任务来说，即对关于思想规律的沉思来说，上面指出的事件具有何种意义呢？用适当的简要方式来概括，我们可以回答说：由于思想进入辩证法维度中，就有可能把思想规律置入一个更缜密的尺度的区域之中。在辩证法视界内，思想的基本原则获得了一个转变了的形态。黑格尔向我们表明，所谓的思想规律设定了比流俗的表象直接在它们的公式中发现的更多的东西和不同的东西。因为流俗的表象没有发现什么。所以，对通常理智来说，同一律公式“A是A”就是一个毫无意思的定律了。黑格尔却表明：“A是A”这个定律，倘若它并没有打破A与自身的空洞同一，并且至少把A与它自身（即A）对立起来，那就根本不能设定它所设定的东西。倘若这个定律没有先行抛弃它假装要设定的东西，即把A设定为完全空洞的，因而也决不能进

一步展开的某物与它自身的同一，把A设定为同一性并且是抽象的同一性，那么，这个定律甚至也不可能成为一个命题，或者说始终是一种词语拼凑。所以，黑格尔就可以说："可见，在同一性在其中表达出来的**命题形式**中，含有比简单的、抽象的同一性**更多**的东西"。(《逻辑学》，第二章，拉松版第二卷，第31页)①

但黑格尔在他的"逻辑学"中不仅揭示了思想规律的更丰富的被带回到其基础那里的真理性，而且他同时也以一种无可反驳的方式阐明，我们通常的思想，恰恰在它假装为正确思想的地方，根本就没有遵循思想规律，而是不断地违背了思想规律。可是，这一 87
点却仅仅证明自己是以下事实的一个结果，这个事实就是：一切都是以矛盾为基础的——这是黑格尔经常而且以各种方式道出的一点。首先是通过下面这个命题："它(矛盾)是一切运动和生命的根源；只有某物在自身中有一个矛盾而言，它才运动，才有动力和活力"。② 由于更为流行而常常被引用的、因而更为著名的，是黑格尔关于生与死的关系的思想。死通常被视为对生的消灭和毁坏。死与生相矛盾。这个矛盾把生与死撕裂开来，这个矛盾是生与死的分裂状态。黑格尔却在《精神现象学》序言中说："但精神的生活不是害怕死亡而幸免于蹂躏的生活，而是敢于承当死亡并在死亡中得以保存自己的生活。它(精神)只当它在绝对的支离破碎(亦即矛盾)中能保全其自身时才赢得它的真实性"。(霍夫特

---

① 黑格尔：《逻辑学》，格奥尔格·拉松编，第二部，莱比锡，1923年。——原注

② 同上，第58页。——原注

麦斯特编，第29—30页）[1]而荷尔德林后期诗《在可爱的蓝色中闪烁……》的结尾一句诗是："生即是死，而死亦一种生"。[2] 在这里，矛盾被揭示为统一和持存的东西。与此似乎构成矛盾的是诺瓦利斯在他的一个残稿中的一句话（瓦斯姆特编，第三卷，第1125页）："消灭矛盾律也许是至高的逻辑学的至高使命"。[3] 但这位思性诗人[4]想说的是：通常逻辑的这个定律，即要避免矛盾的规律，是必
88 须被消灭掉的，因而我们必须把矛盾当作一切现实的基本特征而使之发挥作用。诺瓦利斯在此所说的恰恰就是黑格尔所思考的：消灭矛盾律，以便拯救矛盾——作为一切现实之现实性的规律的矛盾。

根据黑格尔的辩证解释，这个思想规律说出了比其公式更多的意思，而它的陈述从来没有为辩证思想所遵守。通过我们对黑格尔这种辩证解释的说明，有一些令人激动的事实显露出来了，而对这些事实的充分认识、对这些事实的决定性经验，尚未为流行的思想所获得。但对此我们却用不着奇怪。即便黑格尔本人已把他的《逻辑学》讨论这个思想规律的部分称为"最艰难的"部分（《哲学

---

① 黑格尔：《精神现象学》，约翰内斯·霍夫麦斯特据原版编辑，第四版，莱比锡，1937年。——原注

② 荷尔德林：《文集》，历史考订版，诺伯特·冯·海林格拉特开始编辑，弗里德里希·塞巴斯和路德维希·冯·皮格诺特续编，第二版，柏林，1923年，第27页。——原注

③ 诺瓦利斯：《书信和著作》，爱瓦德·瓦斯穆特编，柏林，1943年，第三卷，第330页，残篇1125。——原注

④ 此处"思性诗人"原文为der denkender Dichter，也可译为"运思的诗人"。——译注

全书》第114节)[①],我们又如何能在首先没有任何准备的情况下找到一条道路,以达到那个维度,即思想规律及其论证得以在其中通过辩证法而变得可疑可问的那个维度?

诚然,现在一谈到辩证法,人们就会注意到,有一种辩证唯物主义。人们把它视为一种世界观,把它冒充为意识形态。但我们却以这个断言来回避思索,而不去认识:辩证法在今天乃是一种世界现实,而且也许就是这种世界现实。黑格尔的辩证法乃是那些远远地发出声音的"控制世界"的思想之一,在辩证唯物主义被人信奉的地方,与在它——仅仅以同一种思想的稍有变化的风格——受到反驳的地方一样,是同样有力量的。正如人们所说的,在这种世界观上的争辩背后,激烈地进行着围绕地球统治地位的斗争。而在这种斗争背后,展开着一场冲突,西方思想本身已经随自身卷入这场冲突中了。其最后的胜利——西方思想在这种胜利中得以扩张自身——就在于,这种思想已经逼使自然委身于原子能了。

当我们想念着思想并且尝试一种对思想的基本原则的沉思 89
时,那还是错误的甚或与世隔绝的么?也许我们借此就能对思想穷根究底。也许我们也仅仅是要找到思想的踪迹,以便还能及时地追踪思想的力量,这种力量无限地(亦即按其本质)超出了任何可能的原子能的量。因为,倘若原子能并没有同时受到思想的促逼,或者说,受到思想的摆置,那么,自然或许就不可能显现为能量

① 黑格尔:《哲学科学全书纲要》,第二版,格奥尔格·拉松编,莱比锡,1911年,第128页。——原注

库，就像今天人们所表象的作为能量库的自然。原子能乃是一种计算和控制的对象，这种计算和控制是由所谓的核物理学这种科学技术来完成的。但物理学得以按这种方式摆置自然，这乃是一个超－物理学的[1]事件——如果没有其他说法的话。

然而如果事情已经到了这个地步，即思想的动物被原子能消灭掉了，那么，还会有思想么？究竟什么东西更强大，是具有技术和机械形态的原子能呢还是思想？或者，在此情形下联系在一起的两者当中的任何一个都不具有优先地位？如果地球上人的一切终有一死的本质已经“是”消灭掉了的，那么究竟还有什么呢？

比自然能量和自然思想的力量更具支配作用的东西已经存在而且预先就持存着，那就是这样一种观念（Gedanke），一种思想由于在原子能方面追究自然而服从这样一种观念。这样一些观念并非首先是由我们终有一死的思想制作而成的，而不如说，我们终有一死的思想始终只为这样一些观念所要求，满足或者放弃这个要求。并不是我们人走向这些观念，而是这些观念走向我们终有一死者，后者的本质已经凭着思想而被设定了思想的基础了。但谁来思考这些寻访我们的观念呢？——我们很快会这样追问，而且假定这个问题之所以已经合乎实事地得到了追问，是因为我们心里不禁径直产生了这个问题。当我们如此直接地说出我们时，谁
90 是我们呢？在没有获得对思想的基本原则的经验的情况下，我们如何要求投身于这样一些观念中呢？

“思想的基本原则”——我们是从对本文标题的解说开始的。

---

① 此处“超－物理学的”（meta-physisch）或译为“形而上学的”。——译注

这种解说能够为接着的思路开启一条道路。这种解说寻求纯粹的东西。我们把水和空气称为纯粹的，是因为它们并不是浑浊不堪的，从而是透明的。纯粹的东西就是非浑浊的东西，意思就是没有搀入任何外来杂质。我们对“思想的基本原则”这个标题进行澄清，目的是为了免除外来杂质。我们的做法是，进入这个标题（作为本文所做的考量的标题）要命名的那些规定之中。于是，对标题的解说就把我们带上了路，让我们去沉思思想。“思想的基本原则”首先意味着：为思想的规律。思想连同它所有的判断、概念和推论，都服从于这些规律，受这些规律制约。思想是这些原则所涉及的客体。“思想的基本原则”这个标题中的第二格意思是说：为思想的基本原则。[①] 它是一个 genitivus obiectivus［宾词第二格］。

但立即就显示出第二点。诸如 A 是 A、A 不是非 A 之类的定律乃是思想的基本形式，是思想由以把自身带入形式之中的定律。这些原则因此证明自己为思想所设定的客体。这个客体本身显示为设定原则的主体。康德步笛卡尔之后尘，在《纯粹理性批判》中揭示出，一切思想本质上是以及如何是一种“我思……”（*ich denke*...）。一切在每一种思想中被表象的东西本身都回过头来被联系于“我思”，更确切地讲，一切被表象的东西都预先被蒙上了这种与“我思”的关联。如果说在我们的思想中起支配作用的，并非统统都是这同一种与同一个思想着的自我的反向关联，那么，我们就决不能思考某物。对一切思想来说，“我思”中的自我必定与自身

① 此处“为思想的规律”原文为 Gesetze für das Denken，“为思想的基本原则”原文为 Grundsätze für das Denken。——译注

相统一，必定是同一个自我。

91 费希特把上述实情表达为以下形式："自我是自我"。与形式上对任何一个可表象之物都有效的表示同一律的公式"A 是 A"有所不同，"自我是自我"这个定律在内容上是确定的，类似于——举例说来——我们就任何一棵个别的树所能说的句子"树是树"。费希特却在他 1794 年的《知识论》里向我们表明，"树是树"一句是决不能与"自我是自我"这个句子相提并论的。当然不能啰——我们会说，因为一棵树与我的"自我"是某种在内容上不同的东西。但诸如"树是树"、"点是点"、"自我是自我"这类形式的所有句子都服从于形式上空洞的、因而普遍的句子"A 是 A"。不过，恰恰这一点在费希特看来是绝不可能的。毋宁说，"自我是自我"这个句子乃是表示自我亦即主体的那种行为的陈述，通过这种行为，"A 是 A"这个句子才被设定起来。"自我是自我"这一句比"A 是 A"这个形式上普遍的句子更为广泛，是一个令人激动的事情；如果我们断言，这个事情所触动的东西直到此刻都没有被带入纯粹的，亦即对思想来说被带入它原初的可疑性之中，那么，我们对这个事情就决没有说得太多。

思想首先不是这些原则的客体而是它们的主体。"思想的基本原则"这个标题中的第二格是一个主词第二格。但这些原则却也是对思想而言的原则，是关涉思想的。这个标题中的第二格也是一个宾词第二格。因此我们更小心地说："思想的基本原则"这个标题昭示着某种双重的意义。因此，这个标题向我们提出了以下相互联结在一起的问题：我们能够以及必须把这个标题带向一种明确性，并且据此或者把它解说为宾词第二格，或者仅仅把它解说为主词第二格？抑或我们必须放弃这种“或者……或者”[①]而代之以“既……又”？但这种“既……又”只不过是拒绝继续思考的托词。可是，在事关对思想及其原则的沉思的地方，“既……又”是不 92
可能成为一个答案的，而只是问题的开头：如果思想既要是它的原则的主词又要是它的原则的宾词，那么思想本身的情形又如何呢？

思想的基本原则——对这个标题的一种粗糙解说就已经带来了一种不安，我们不想再把这种不安平息下去了。为使这种不安唤起我们的沉思，我们要以一种有所变换的方式再走一走前面的思想道路。我们问：以“A 是 A”为公式的同一律之所以有效，是因为作为“我思……”的思想设定了这个定律，或者，思想必须把这个定律设定起来，就是因为有“A 是 A”存在？在这里何谓“存在”(ist)？思想的基本原则来自思想么？或者，思想是从它的原则所设定的东西而来的？在这里何谓“设定”(setzen)？例如，当我们说“设定这种情况”，我们指的是：假定某物的情况如此这般。但这些原则的设定显然不是单纯的假定。这些原则确定了某种东西，而且是预先确定的，对一切情形而言的。因此，它们就是前提。诚然，我们却是十分慷慨而漫不经心地来对待“前提”这个词的，而没有思量一下，在这里谁或者什么以何种方式在“设定”，如此这般被设定者“预先”往何处被设定。不过，思想的基本原则作为思想规律却不容改变地把它们所设定的东西确定下来。它们仿佛构成一个堡垒，思想在其中从一开始就保证了它的一切活动。或者，思想的基本原则——如果我们想一想黑格尔就此所说的话——并不是

① 此处“或者……或者”(Entweder-Oder)也可译为“要么……要么”。——译注

思想的可靠城堡？这些原则本身还需要一种安全和庇护？但它们在哪里是安全的呢？它们从何而来？思想的基本原则的起源之所是什么样的所在？无论是谁，如果他在今天还想断言这个问题是完全明确的，那么他就是在撒谎。他把某种东西冒充为科学，而实际上这种科学不是也不可能是科学，因为没有一门科学能达到那个地方，在那里，思想的基本原则的起源之所也许可以获得探讨。
93 让我们心平气和地承认：这些思想的基本原则的起源，设定这些定律的思想的所在，这里所谓所在和地方的本质，所有这一切对我们来说都还笼罩在一片幽暗之中。也许，这种幽暗在所有思想那里随时都在活动。人是不能消除这种幽暗的。而毋宁说，人必须学会，把这种幽暗承认为不可避免的东西，而且使之免受那些摧毁幽暗之高度运作的偏见的影响。这样，幽暗就截然不同于那种昏冥，即作为光的单纯而完全的不在场的昏暗。但幽暗却是光明之奥秘。幽暗保存着光明。光明属于幽暗。因此，幽暗具有它本己的纯正性。真正知道古代智慧的荷尔德林在他的《追忆》一诗第二节中说：

> 但是，愿有人为我端上
> 芳香郁郁的酒杯一盏，
> 盛满幽幽的光芒。①

---

① 荷尔德林：《文集》（海林格拉特编），第二版，柏林，1923 年，第四卷，第 61 页。——原注

如果光亮散落到一种“比千百个太阳还亮的”单纯光明中，那
么，光就不再是澄明了。困难的是，保持黑暗的纯正性，也就是说，
避免对不得体的光明的混合，去发现仅仅与黑暗相合的光明。老
子说（第十八章；V. v. 施特劳斯译）[1]：“知其白，守其黑”。[2] 关于
这一点，我们还要加上一个尽人皆知却又少有人能做到的真理：终
有一死的人的思想必须落入井泉深处的黑暗中，才能在白天看到
星辰。更难的事情是，保持黑暗的纯正性，也即造成一种只求作为
本身闪现出来的光明。只求闪现的东西并不闪烁。但是，对关于
思想规律的学说的规矩描述却想如此这般表现出来，仿佛这些规 94
律的内容以及它们的绝对有效性直接地对每个人都是显而易
见的。

可是，对“思想的基本原则”这个名称的最初解说就立即已经把我们引入黑暗中了。这些基本原则从何而来，是从思想本身还是从思想根本上必须思考的东西而来，甚至根本不是从这两个立即出现的源泉之一而来，这些问题都还是对我们隐蔽着的。此外，通过黑格尔对思想的辩证解释，这些思想规律已经丧失了它们直到那时还有效的形态和作用。思想进入辩证法之维度中，这却首先阻止我们以后还如此漫不经心地谈论“这种”思想。本来，无论在哪里都没有“这种”思想。如果我们把思想表象为一种一般人类能力，那它就成了一种幻想产物。但如果我们引证下面这一点，

---

[1] 老子：《道德经》（Tao Te King），维克多·冯·施特劳斯德译、导引和评注，莱比锡，1924 年，第 28 章，第 140 页。——原注

[2] 德译文作：Wer seine Helle kennt，sich in sein Dunkel hullt。此句见《老子》第 28 章，海德格尔误引（或误植）为第 18 章。——译注

即：在我们这个时代里，一种千篇一律的思想方式在全球所有地方都达到了一种世界历史性的统治地位，那么，我们就必须同样明确地看到，这种千篇一律的思想仅仅是那种历史性的思想形态的已经得到平整和利用的形式。我们把这种思想形态称为西方－欧洲的，而对于它的命运性的唯一性，我们几乎还没有经验，很少想加以充分体认。

在一部早期的、根据遗稿出版的著作中，卡尔·马克思声称："**整个所谓世界历史**不外是人通过人的劳动而诞生的过程，是自然界对人来说的生成过程"(《早期著作》，第一卷，1932年，第307页)。① 许多人会拒绝马克思这种对世界历史的解释以及作为这种解释之基础的关于人之本质的看法。但没有人能否认，技术、工
95 业和经济在今天决定性地作为人自身的生产劳动规定了现实的一切现实性。不过，以这样一个断言，我们已经从那个思想维度中掉了出来，而上引的马克思关于作为"人的自身生产劳动"的世界历史的陈述，正是在这个思想维度中活动的。因为"劳动"(Arbeit)一词在此并不是指单纯的活动和事功。这个词是在黑格尔的劳动概念意义上讲的，在黑格尔那里，劳动被思考为辩证过程的基本特征，通过这个辩证过程，现实的变易展开和完成它的现实性。与黑格尔相对立，马克思并不认为现实的本质在于绝对的自我把握的精神，而在于生产自身及其生活资料的人身上，这一点固然把马克思带入一种与黑格尔的极端对立之中，但通过这种对立，马克思依

① 卡尔·马克思：《早期著作》，西格弗里德·兰德舒特编，两卷本，斯图加特，1932年。——原注[中译文参看马克思：《1844年经济学哲学手稿》，载《马克思恩格斯全集》(中文版)，第42卷，北京：人民出版社，1979年，第131页。——译者]

然处于黑格尔的形而上学范围内；因为现实生活和作用处处都是作为辩证法的劳动过程，也就是作为思想的劳动过程，只要每一种生产的真正生产性因素依然是思想——不管这种思想被当作思辨形而上学的思想来实行，还是被当作科学技术的思想来实行，或者是被当作这两者的混合和粗糙化来实行。每一种生产在自身中就是反思，是思想。

于是，正如标题所暗示的，如果我们斗胆来沉思*这种*思想，那么，只有当我们处处而且仅仅把这种思想经验为规定我们的历史性此在的东西时，关于*这种*思想的谈论才具有某种可靠的意义。一旦我们试图从原则上沉思这种思想，我们就会发现自己已经被指引到我们的历史也即当前世界历史的结构和关联之中了。唯当我们已经对我们的思想、对这种思想的本质广度有了足够的经验，我们才能够把另一种思想承认为异己的思想，并且把它当作令人惊讶的东西在其富有成果的惊讶状态中来倾听它。但思想，本身历史性的思想，在今天规定着世界历史的思想，却并非起于今天，它比单纯的过去之物更古老，它从某种切近（Nähe）而来把我们吹向它那最古老的观念；而我们之所以没有觉察到这种切近的踪迹，96
是因为我们以为，真正关涉我们的，也即在本质上关涉我们的，乃是现实的东西。

97

2、演讲二以及演讲一之重温

无人有权要求我们应当像哲学家那样思考。但可能会有人——天知道是谁——期望我们学会区别，因为区分自行引发，通过这些区分，我们得以回归并进入简单的东西，从而再也不会放弃它——简单的东西，即令人惊讶的东西。无论以何种方式，我们全都在思考，却没有人了解，思想的基本原则究竟是令思想运行还是令其趋于平静，以及它们是如何令思想运行或平静的。

争夺地球统治权的世界历史之战的风暴在如今这个时代喧嚣着，其核心是一场争战的平息，西方－欧洲的思想从一开始就已在这场争战中纠结不清。这场本质性的争战发生在思想与它被唤起的那个地方之间，它被唤起去思其所思、并且如其所思的那样去思想。而将它缠入这源初的争战之中的那些纠结，与荷尔德林一度谈起的纠结有着相同的样式，他是在看到诸神与终有一死者之间的关系时诗意地发问的：

“是谁曾经，先是
撕毁爱情的纽带
又将他们缠结起来？”

（《莱茵河》，第7节）①

无论何时我们尝试去思索思想，无论我们以何种方式做此尝试，每一次呈现给我们的都是一种粗略的想法：没有思想。我们唯一能够谈论的思想是隐匿在我们历史最深处的争执。思想是这一历史中具有历史性的东西(das Geschichtliche)，因而在其自身就 98
是历史性的。

“思想的基本原则”这一标题首先表现为多义的，这是双义意义上的多义，它产生于第二格可以同时是宾语第二格和主语第二格这样一个事实。现在很清楚：标题中的第二格还以一种完全不同的方式是多义的，因而是棘手的。

我们想要探讨其原则的那种思想，看起来是绝对和普遍意义上的地道思想本身。而实际上，这种思想却囿于西方－欧洲历史的历史性之中，同时，它却作为这囿于其中者摆脱了我们的全球化时代中现代世界技术之基本特征的局限。② 如果我们说“这种”思想，那么这意思可能是：作为一般人类活动的思想；但也可以意味着：作为西方人独一命运的思想。

我们起先指出的标题“思想的基本原则”的多义性，看起来似乎只是语法上的第二格的双义性。现在所说的多义性则是一种歧

上页注①　荷尔德林：《著作集》(海林格拉特编).第二版，柏林，1923年，第四卷，第175页。——原注

②　这里的“囿于”(einschränken)和“摆脱……局限”(entschränken)都是从同一词根“界限”(Schanke)变化而来。其中后者是海德格尔的自造词，给“界限”加上ent前缀，表示“脱离……”之义。——译注

义性[1]，在它的背后上演着世界历史性的对于思想之本质的犹豫不决状态。这种歧义性绝非与双义性并立。而毋宁说，此种歧义性与那种多义性一样，都出自同一个我们必须加以探询的来源。有鉴于此，这个多重意义上多义的演讲标题——如果我们现在更深思熟虑地倾听之——暗示着这样一个问题：我们如何看待思想，我们是否倾向于根据原则来经验思想。

如果我们假定思想在其自身不仅具有历史规定性，而且就其自身而言是命中注定的，那么，对这本身历史性的思想的每一种沉思，难道本身不也必须是同样的情形，也即是历史性的吗？[2] 但这
99 样一来，这难道不是说，在我们胆敢思索思想之前，我们必须首先对西方思想史做一个全面的而扼要的历史学的综观么？非也。

历史学知识并不能带我们进入那些引导世界的观念的历史之中。历史学知识将先前的所思（Gedachtes）表象为过去之物，为过去提供凭证，但无法确证任何历史性。[3] 即便对过去之物的表象从历史学－语文学的角度看来是正确无误的、因而在科学的界限

---

[1] 此处“歧义性”（Zweideutigkeit）和“双义性”（Doppeldeutigkeit）在德语日常用法中是没有区别的，但海德格尔在文中显然是有意区分使用，用“双义性”表示纯粹语法的双义，用“歧义性”表达思想之本质的双义。译名的选择出于这样的考虑：由于zwei和表示分歧的Zwie-前缀（如：Zwiespalt）是换位词，而且与海德格尔很重视的Zwischen（之间）概念也有词源上的联系，因而将Zweideutigkeit译为“歧义性”。——译注

[2] 此句中的“历史的”（geschichtlich）和“命运式的”（geschickhaft）同源，“命中注定”也就是“命运性地被规定”，与前半句中“历史规定性”相比照。——译注

[3] 此处“过去之物”（das Vergangene）和“过去”（Vergangenheit）都是动词vergehen（过去、流逝）的衍生词，而“历史性”（Geschichtlichkeit）则是动词geschehen（发生）的衍生词。——译注

内是得到保障的，即便我们把这些对过去之物的正确表象出于与今天相比较的目的而应用于今天，它却仍然无法达到这一点，即：先前的所思把我们径直从关于思想的历史学表象中提升出来，由此与我们相关涉。提升至何方呢？

那些为其自身择取和保藏的关于从前所思的历史学知识还不能担保，我们能够以自己全部的本质将自己发送到那种思想之中，这种思想使西方思想中最古老的想法超出我们之外而朝向我们来思，并因而向我们走来。此间这些想法正在到来。它们保持在到来的途中，尽管我们并未注意到它们，因为我们只是忙于分析今天的处境，以便能够计划接下来的处境。不断地分析处境的忙碌是一回事，而对情势的保守的、历史性的考察是另一回事。这就是当前，它向我们诉说，那些最古老的西方想法——就像它们最早的日子那样悄然起支配作用——如何规－定并且实现了现代世界技术的本质。

尼采谈到那些"引导世界"的思想，说它们"踮着鸽子脚到来"。[1] 因此就需要一只善听的耳朵，方能感受到引导世界的思想 100
的到来和起源。如果历史性的耳朵能对这种呼求做出反应，那么它就是灵敏的。为了做出这种反应，倾听必须是自由的，也就是说，必须向已经被判定给听觉的命运之浩瀚境界敞开。首要地，这样一种进入朝向我们的想法的起源之中的倾听，必须已然放弃那

---

① 尼采：《查拉图斯特拉如是说》（第二部，"寂静的时刻"），《尼采著作集》（大八开本版），第四卷，莱比锡，1923 年，第 217 页。——原注

也可参看尼采：《权力意志》序言，同上，第十四卷（1922 年第三版），第 4 页。——原注

种表象形式,以此形式,倾听本身就只能被理解为一个主体的行为,这个主体把它的客体或者——在此跟客体差不多——其他主体引入自己的领域之中。这种主体-客体关系或者主体-主体关系模式,也包括如今已经被过度滥用的我-你关系。在这里决定性的观念依然依赖于那种关于作为主体的人的理解,也即依然依赖于笛卡尔主义。

只要人们仍旧热衷于这种关于作为主体或人格的人的观念,那么,思想就会把那向我们诉说的命运的到达拒之门外。于是人们可以合乎逻辑地断言,任何一种与历史的言说永远都只不过是一种自说自话的独白,因为它是由一个主体来发起的。这样一种意见是谁都能理解的,因为人们已经习惯于把人表象为一个主体。只要我们还总是忙于搜寻这种表象之所以不能成立的证据,那就无法成功地从这种关于人的不充分的表象中脱身。从这种表象中脱身需要简单的东西,即:我们要为我们自身已持留于其中的那种经验而舍弃这种表象。用一句话来说就是:我们只能瞥见我们本身早已为之所注视的东西。若想令这注视与瞥见之间的关系保持纯粹,我们就必须放弃把人视为主体的立场,从而放弃主体-客体关系,而且必须已经重新找到进入人类本质的一个更源始维度的道路。我们只能瞥见那个在我们无所知无所为的状况下就已经注视着我们的东西。我们只能倾听我们已经归属其中的那个东西,
101 只要我们已立身于其呼求中。[①] 然而,恰恰在这种一面是注视、呼求,另一面是瞥见、倾听的关系之中,蕴藏着在倾听时误听、在瞥见

① 此句中"倾听"(hören)和"归属"(gehören)共有一词根 hören。"呼求"(Anspruch)本来有"要求"的意思,其动词形式 ansprechen 有"招呼"之义。——译注

时误视错看、并且陷入任意专断的危险。

那个作为注视和呼求与我们相关涉、向我们走来的东西，就是当－前，因而是本真的命运和历史。与它之间的关系、与历史之间的关系是如此简单，而我们今天的人要赢获并保存它也同样如此困难。这种困难的原因不仅在于把人表象为主体，而且也在于把历史表象为历史学及其历史意识的一个对象和构成物。把人表象为一个主体与把历史表象为历史学，这两种表象方式共属于同一个亲缘关系。它们起源于近代，在辩证法中得到了它们极端的统一展开。在中世纪罕见那种严格意义上的历史学意识，同样地，在古代也极少把人表象为主体。可是，人们还是毫无障碍地把这两种表象方式带入对中世纪和对古代的阐释之中，却不作相应的解释，这种现象的原因恰恰在于历史学表象与主体表象从未中断的统治地位。在我们时代任何一个最现代的自我意识中，都可以看到这种关于历史的历史学表象的主体。

鉴于主体性和历史学的从未中断的统治地位，我们倘若能够贯穿这个时代感知到引导世界之思想的轻柔足音，从而从其未－来追索至其来源，以令它的到来与我们相关涉——这实为幸事一件。[①]

如今决定着世界历史的思想，本身比世界史事件之过程更具命运性；只有当这种思想在其呼求中传承给我们时，它才能唤起我 102
们的沉思。当我们说这话时，有一种思虑自行涌现，它如此直接地闪现出来，以至于我们无法再置之不理。我们得思量下面的事情。

① 此处“未－来”（Zu-kunft）、“来源”（Herkunft）与“到来”（Ankunft）均有相同的词根“来”（kunft）。——译注

如果不是通过历史学，这种传承究竟如何才能到达我们呢？如果历史学不是以史学－语文科学的方法模式工作，它如何才能有保障呢？只不过，传承，也即曾在者之呼求把自己释放出来，因而历史向我们发出呼求——这样一种传承并不以我们占有的历史学知识为基础，而不如说，一切历史学都只是一种特殊形式的技术－实践上对传承的构形和表述。所有的历史学都需要历史。但历史未必需要历史学。因此，那些并不了解历史学的民族同样历史地生活着，也许还是在更深刻的意义上生活着。可是，我们今天的人却仍然习惯于将历史和历史学这两个名称毫无分别地一会儿理解为对象性的一会儿理解为合乎认识的。

那个把人类本质的主体性学说的创始人笛卡尔奉为其伟大思想家之一的国度，在其语言中没有一个可以与历史学区分的表示历史的词汇。没有一个明智者会断言这是偶然的。在一种语言必须言说其本质要素的地方，是不会有任何偶然事情的。

由于我们总是毫无顾忌地混淆历史与历史学以及与之相应的表象方式和课题，没有能力做出本质上的区分，就会得出这样的观点，认为那些没有历史学的人种和民族因而也过着无历史的生活。以同样的方式——只不过反过来——又会得出这样一个观点，即
103 认为：对历史学优先地位的否定或者克服，同时也就消解了一种此在（Dasein）的历史性，历史及其传承也就失去了自己的本质。我们的说法与之相反，并且通过下面的表述把它带入经验：那种规定着当今世界历史的思想，由于它本身是历史性地被调校的[①]，故只

① 此句中的“规定”（*be*stimmt）和“被调校”（*ge*-stimmt）均以“调音、校音”（stimmen）为词根，中译文未能显明此意义。——译注

有当它在呼求中把自己传承给我们时才能唤起我们的沉思。

有鉴于此，我们意图从思想的基本原则出发来经验思想的打算不失为一种历史性的冒险。这远非那种妄图宣示绝对有效的思想"之"规律的僭越行为。而"思想的基本原则"这一标题根本无法明确地显示我们这些演讲的历史性意图，这一点现在也变得十分清楚了。也许，对标题的解读充其量也只能把我们带到演讲的道路附近，而无法把我们带到演讲的道路上。单单对标题本身的解读——哪怕以这样一种方式——也还根本不能深入实事的探讨。已经给出的解读不得不停留在为了前行而做的预先转向的水平上，而尚未达到转投入实事(Sache)的程度，亦即西方思想从一开始就纠结于其中的争执(Streit)。那么情形就必然是，"思想的基本原则"这一标题说着它完全特有的语言，这种语言使这个标题失去了单纯标题的作用，并且赋予它一种呼－求(An-spruch)的语言特征。

迄今为止我们一直在对思想长篇大论，却并未首先提出一种可行的廓清，以澄清什么叫：思想。

即使我们——不管是出于明智和自愿，还是不情愿地、带着疑窦——承认我们西方的思想不仅**拥有**历史，而且本身也许就**是**当今世界历史的基本特征，我们也理当在任何进一步的行动之前，并且为了这种行动而要求对人们一般如何理解思想(Denken)做出充分的说明。如若我们不应在一种对"思想"(denken)一词模糊不清的使用中踉跄而行，那么上面这种要求就更显得必需了。诚然，我们同时也必须看到，甚至那种流俗的、被磨去了棱角的关于 104
思想的表象，也还倚靠着历史的传承而苟延残喘。因此之故，我们必须做好上路的准备，去往一条由早期思想史的传承向着我们当下的方向开辟并且一直保有的道路。

然而，我们现在如何才能找到一条道路，以充分地刻画按照传承来看思想之所是？是否有一个路标指向这条道路呢？当然有。它如此不起眼，空荡荡地立在我们面前，以至于我们从它身边经过的时候经常没有仔细阅读它上面的标识。（此外，路标是个很独特的东西。路标虽然给出一种指引，但它们却留驻在路上。它们不与我们同行，而是任由我们自己努力走上前行之路。）

自古以来，对思想的沉思都被冠以“逻辑学”之名，从近代的辩证法到我们时代也都是如此。“逻辑学”一词就是路标。逻辑学是表示关于λόγος[逻各斯]的知识的名称。而如今，逻辑学被视为关于思想的学说。相应地，思想的基本特征就在λόγος[逻各斯]中向我们显示。如果一种思想是合乎逻辑的，它就保持了自己的秩序。对于今天的思想来说，逻辑学变得更加合乎逻辑了，于是它获得了“数理逻辑”这个变换了的名称。在此名义下，逻辑学或许为自己赢得了最后的，也即普遍的、全球性的统治形式。在这个技术时代里，它以机器的形态显现出来。应用于经济、工业、科学研究单位和政治机构中心的那些计算机，当然不能仅仅被当作是些为了加快计算速度而投入使用的设备。而毋宁说，这种思维机器
105 本身就已经是思想转化为下述思想方式所产生的后果：这种思想方式作为纯粹的计算，挑起了一种向那些机器的机械装置的转渡(Übersetzung)。因此，只要我们的目光还未开启，认识到思想由于原初地就是合逻辑的，所以必定会变成数理逻辑，那么，我们就会看不到这里所发生的思想的变化。

思想在何种程度上必须是合逻辑的呢？合逻辑的在此意味着：依照λόγος[逻各斯]。思想必须是合逻辑的，因为它的本质是从λόγος[逻各斯]而来得到规定的。我们对λόγος[逻各斯]这个事情和词义的了解都是从古希腊人那里来的。λόγος[逻各斯]这个希腊词语说的是什么呢？从语法上讲，根据其词语特征，λόγος[逻各斯]是动词λέγειν[放置、聚集][1]的名词形式。动词λέγειν意味着：聚集、集拢。λόγος[逻各斯]既指一种聚集也指一种放置。无论如何，我们都必须给"聚集"、"集拢"这些德语译词配上希腊的经验方式，以便我们能够对λόγος[逻各斯]这些译名加以深思。希腊语的λέγειν[放置、聚集]也还是以辩证法之名说话的；διαλέγσθαι[对话]意味着：在集拢中穿越某物。这样一种穿越一切的放置，在我们的语言中叫做：考虑[2]；它的意思是，对某物进行深思并对其所思加以证明。如果人们总还不能注意到这一点，那么，这种提示可以再次表明：根据我们自己语言的惯用说法，思想作为考虑、阐述、解释、证明、确定无可避免地与"放置"相关[3]，而且是在λέγειν[说、放置]和λόγος[逻各斯]意义上。然而，对λόγος[逻各斯]、放置和思想之间关联的提示，仍然无法令我们经验到，逻辑学以何种方式将λόγος[逻各斯]解－释、从而确－定为思想的基本

---

① 动词λέγειν通译为"说、说话"。——译注

② 此处"考虑"(Überlegen)有两种读法，重音在前时是"置于……之上、超越"的意思，重音在后时表示"考虑"。前者可与前文中的 legen 联系，后者与"思想"相关。——译注

③ 此处"考虑"(Überlegen)、"阐述"(Darlegen)、"解释"(Auslegen)、"证明"(Belegen)、"确定"(Festlegen)等都以"放置"(legen)为词根。——译注

特征。[1]

一旦我们对此进行追问，就会产生一个假象，仿佛我们已然迷失于一种历史学报告中了，讲述古希腊思想家曾经如何致力于从λόγος[逻各斯]出发来规定思想。然而，古代思想的λόγος[逻各
106 斯]根本上还没有过时，它在世界历史古老的显现中，以及在世界历史最现代的显现中均呈当下之态。倘若没有λόγος[逻各斯]，神学、社会学、生理学、动物学、矿物学会是什么呀？λόγος[逻各斯]的言说贯穿一切科学，无论它们的名称是否带有λόγος[逻各斯]一词。[2] λόγος[逻各斯]尤其在技术学中说话——如果我们把技术学理解为科学整体，狭义的技术由此而得到奠基。然而，不仅在任何一门科学中，而且毫无例外地在我们的表象、计算、意愿和推动中，在所有沉思和追索中，都有λόγος[逻各斯]在说话。虽然下面的说法锋芒过盛，一些人的耳朵几乎无法承受，但我们却不得不说：无论我们乘坐电轨车或者轿车，坐飞机或者看电影电视，无论我们使用电冰箱还是吸尘器，我们全都处于λόγος[逻各斯]的领域中，那是逻辑学首先并且长期以来一直寻求掌控的领域。如今作为现代技术的隐秘本质向我们走来的东西，这种本质——而不只是那些个别的技术设备——承载着λόγος[逻各斯]的面貌和印迹。我们尚缺乏能够看到λόγος[逻各斯]之本质面貌的眼睛，还无法承受它的注视，并投之以恰如其分的回瞥。对λόγος[逻各

---

① 此处“解－释”(aus-legen)和“确－定”(fest-legen)被使用了分隔符号。——译注

② 许多学科名称的词尾都是-logie。——译注

斯]一词所言说者的本质来源的一种可能的经验，斯退芬·格奥尔格于 1919 年已经有所言说，这位诗人的诗句先行思考了后来的时代：

倾听大地沉闷的语声：
你自由宛若游鱼或飞鸟
你身系何处，你不知晓。
稍后也许有一张嘴发现：
你正一同坐在我们桌前
也以我们的钱财为生。
你有了一张俏丽的新脸
可时间变老，已无人活着
那还能看见这面貌的人 107
是否会来，你不知晓。①

(《新王国》，第 129 页)②

逻辑学把λόγος[逻各斯]解释为关于思想的学说。思想的本质居于λόγος[逻各斯]的本质中，并且在其中活动。关于λόγος[逻各斯]，逻辑学传授了些什么呢？倘若对于本次系列演讲的路径而言，我们可以不把自己局限于自古代希腊以来一直占主导地

① 译文参照格奥尔格：《词语破碎之处——格奥尔格诗选》，莫光华译，上海：同济大学出版社，2010 年。——译注

② 斯退芬·格奥尔格：《新王国》(作品全集版，最终稿本，[第 9 卷])。柏林，1928 年。——原注

位的关于λόγος[逻各斯]的规定上面，那么，答案一定会长久地落空。这种关于λόγος[逻各斯]的规定——经过先行者柏拉图——源出于亚里士多德，我们往往把他称为西方逻辑学之父。

当亚里士多德从那种虽以某种方式决定了后来的逻辑学、在其源始性方面却无法保存下来的视角来考察λόγος[逻各斯]的时候，他观察到了些什么呢？亚里士多德从逻辑学之λόγος[逻各斯]上观察到什么，我们可以引述他用来证－明λόγος[逻各斯]的一个形容词。亚里士多德将逻辑学之λόγος[逻各斯]，即思想的基本特征，命名为：λόγος ἀποφαντικός[显示的逻各斯]。这个形容词从属于动词ἀποφαίνεσθαι[显示]，后者意为：使某物从其自身而来显露出来。作为ἀποφαντικός[显示的]东西，λόγος[逻各斯]就是那种能够使某物显露出来的聚集着的端呈[1]。λόγος[逻各斯]使其显露出来的那个东西，迄今为止没有特别地显现过，但却已然摆在－眼前(vor-liegt)了。

让我们举一个例子。当我们说"路是远的"时，我们就引证了亚里士多德看到的这样一种λόγος[逻各斯]。现在让我们来关注"路是远的"这个λόγος[逻各斯]的毫不显眼的形态，我们就在一次散步时让它在我们的思想中悄然呈现。这λόγος[逻各斯]是ἀποφαντικός[显示的]，因为它使遥远的路途向我们显露出来，使之聚焦到我们面前，让它呈放在我们面前[2]。突然，我们发现，把

① 此处"聚焦着的端呈"原文为 das versammelnde Vorlegen，英译本作 the gathering that lays before。——译注

② "让它呈放在我们面前"原文是 vor uns liegen lassen。此处"呈放"(vorliegen)也可译为"摆在……面前"。——译注

思想也即λόγος[逻各斯]和λέγειν[说、放置]解释为一种放置，完 108
全不像初眼看起来的那样令人诧异和超乎寻常。

以希腊方式来看，放置意味着“让呈放”①，也就是一个已然呈放者、在场者，而且它由此显示自身为呈放者。形容词 ἀποφαντικός[显示的]，即能够让某物显现，也就是让某物从它自身而来显现，无非就是对逻辑学的λόγος[逻各斯]作为聚集着的放置所完成的事情的实事求是的解释：一种让呈放。因此，亚里士多德就得以把这个λόγος[逻各斯]，亦即思想的基本行为，径直命名为ἀποφαντικός[显示的]。后面这个词几乎不可译；我们不得不粗略地、不甚美妙地说：让在场者从其自身而来闪现。我们直接用一个词更恰切地翻译λογος ἀποφαντικός：阐明（Darlegung），在此我们以阐－明（Dar-legen）一并听出了古希腊语λέγειν的意义：让显现者呈放。

要是我们能领悟，逻辑学的λόγος[逻各斯]——也就是思想——对希腊人而言就是一种让闪现，那就足够了。古希腊人用眼睛思想，也就是用目光思想。λόγος[逻各斯]，即思想，是一种让闪现，即让从自身而来得到显露、从昏暗者和遮蔽者而被带入光明中的东西闪现出来。思想由此而获得真实性，因为它作为让闪现，总是在某个角度把遮蔽者解蔽和照亮。在此，昏暗者并非即刻消解于空洞的光明中，而毋宁说，昏暗者、遮蔽者保持着，因而本身才得以闪现出来。光明始终保持为一种昏暗的光明。②

---

① 此处“放置”（legen）与“让呈放”（vorliegenlassen），后者也可作“让摆在面前”。——译注

② 真理——ἀλήθεια[无蔽、真理]——解蔽，同时也即遮蔽者之保藏。——原注

λόγος[逻各斯]的基本行为是让呈放者显现。这个逻各斯乃是思想的基本行为。如果我们从λόγος[逻各斯]出发在其逻辑本
109 质中来经验思想，那就显而易见：思想原初地寓居于昏暗之光的本质空间中。这正是对古希腊人而言诸神在场的地方。

我们必须把那个对古希腊人来说是λόγος ἀποφαντικός[显示的逻各斯]即思想的东西重新带回这个地方：对在场者的解蔽着的阐明。

此间人们已经习惯于把逻辑学的λόγος[逻各斯]即思想的基本特征表象为命题。上文引述的那个λόγος[逻各斯]"路是远的"可以被视为一个简单命题的模板。它属于一组类似的命题，诸如：环是圆的；粉笔是白的；房子是高的。这些都是逻辑学课本和语法书中随处可见的毫无生气的模板。作为通常关于命题的学说的范例，那个在某次散步中悄然进入我们思想中的命题"路是远的"脱离了它自己的领域，以至于我们不再能看到它鲜活的作为有生命的命题的特征。因此之故，我们现在必须——又是以最简短的形式——阐释，如果我们实事求是地把它用作逻辑学之λόγος[逻各斯]的翻译，并且想要对"基本－原则"[①]产生恰当理解时，"命题"一词意指什么。

在我们较古的德语里，命题（Satz）意味着：复合、组合——在音乐中还在说，一个奏鸣曲的乐章。让我们根据这样一种把命题理解为组合的规定，来考察上文引用的λόγος[逻各斯]例子：路是

① 此处"基本－原则"（Grund-Sätze）的词根就是Satz，与"命题"（Satz）是一个词。——译注

远的。在这里我们显然轻松地碰到了一个组合。我们从学校里学到它。这个简单命题把一个命题主词即“路”与它的谓词即“远”组合在一起。路是远的。而我们在“是”(ist)中找到了用来组合的词，也就是把主词与谓词连接起来的词，因而它被叫做“系词”。如若我们只是停留在逻辑学自始就已经阐明了的这样一种关于命题的解释中，那我们就永远无法回到源初的命题特征，即λόγος[逻各斯]作为对呈放者的解蔽着的阐明所具有的命题特征。

表示命题的古希腊词语是σύνθεσις[复合、组合]、Θέσις[设、 110
置]。实际上一切都取决于以古希腊的方式来思这个Θέσις[设、置]，亦即把它思为树立、使到位、让站立意义上的设定、放置，也就是让在场者如其站立的那样。在古希腊意义上理解的θέσις[设、置]中浮动着让－呈－放(Vor-liegen-lassen)的意义。因此，θέσις[设、置]一词，即“设定”(Setzung)，对我们来说是十分陌生的，但在古希腊语中就与“位置”(Lage)——呈放者——意思相近了。

如果我们注意到，以希腊方式来看，“设定”(Setzen)和“命题”(Satz)与“让呈放”一样，说的是一回事，那就为我们开启了一道目光，让我们得以看到λόγος[逻各斯]的本真的命题特征。据此看来，命题源始地并不是主词与谓词的组合，而是——举例说来——眼前的遥远之路的让呈放。所以，这条遥远的路——借由ἀπόφανσις[显示]显现出来——被带到我们这儿，我们按照λόγος[逻各斯]的方式把它思考为ἀπόφανσις[显示]：这条遥远的路本身被聚集到我们这儿。本真的命题——即源始的组合——就是这样一种聚焦，即把呈放面前的遥远的道路聚焦到我们这儿来，就是把路带到我们这儿。对于所引的命题来说，真正的主词，字面上说就是已经呈放者，并不是道路或者道路概念，而是：在场的遥远的道路本身。这个道路本身乃是整个“路是远的”这个命题的基底。因此，这个简单的命题让那个作为命题之设定的基底的东西呈放出来了。而对于命题而言呈放出来，并且作为命题之基底的东西，就是它的基础（Grund）。由这个基础出发，这个简单的λόγος[逻各斯]所阐－明（dar-legen）的东西，就得到了证－明（be-legen）。这种证－明从根本上讲就是论证。所以，严格地讲，任何此类的命题都是一个“基础－原则”[1]。

逻辑学的λόγος[逻各斯]，思想的主要特征，作为解蔽着的阐明，乃是对基础的探究，因而是对命题的论证。[2] 长久以来人们理所当然地认为，凡是能思考和表达想法的人也都能对此有所论证。我们却没有想到，这事情应当如此。但现在已经清楚了：由于作为
111 λόγος[逻各斯]的思想是对基底的阐明，所以论证就不仅仅作为一个必要的附属物，而是从根本上归属于思想。于是也就表明：任何一种逻辑学之λόγος[逻各斯]作为命题，乃是在我们解释过的最宽泛意义上的“基础－原则”，它让呈放者和作为基底的东西呈放在眼前，并由此使之显现。

如果每一简单的命题作为命题——作为对基底的有所解蔽的阐明——都已经总是能朝向一个基础、因而在最宽泛意义上是一个基础－原则，那么，我们在“思想法则”名下所认识的那些原则具

---

① 此处“基础－原则”（Grund-Satz）是“原则”（Grundsatz）一词的拆解，英译本作 a grounding-principle。——译注

② 此处译文未显明“探究”（Ergründen）、“论证”（Begründen）与“基础”（Grund，或译“根据”）的意义关系。——译注

有何种本质呢？这些特别地如此这般被命名的基本－原则展示了何种基底、何种基础呢？显然不是像遥远的路、高高的山、宽阔的河、澄澈的夜、无忧无虑的儿童、遥远的上帝这样的呈放者和作为基底的东西——不是所有这些，而是？

一旦我们注意到前面阐发的思想的基本原则的形式性，我们就能获悉我们现在已经达到的问题的答案。同一律是：A 是 A。这个命题[1]具有一种逻各斯的形式。这个命题阐明了什么呢？它使何种呈放者显露出来了？不是这个或者那个特别的东西么？那么是某种普遍的东西啰？那么随便哪个不确定地呈放的东西啰？绝非如此。“A 是 A”这个命题阐明的是 A 之为 A。这个命题并没有流于不确定的空洞之中，而是系于一种独一无二的规定性。A 是 A。这种阐明朝向何方？朝向每个呈放者所归属的东西，即：与它自身的同一。更确切地讲：这种自身同一性并不像一个通行的性质那样归属于每一个呈放者。而毋宁说，任何一个呈放者都归属于这种与它本身的自身同一性，因为若非如此，一个呈放者本身绝无可能从自身而来呈放出来。

呈放者与它本身的自身同一性，如此这般被理解的同一性[2]，也还不会总是跟着每一个呈放者呈放出来。同一性本身并不是什么呈放者，但它却一道构成呈放之为呈放。看起来为“A 是 A”这 112
个原则奠基的东西，即这个命题所阐明的这样一个基础，也就是某物与它自身的自身同一性，却并不是什么呈放者，并不是什么作为

① 此处“命题”(Satz)显然也可译为“定律”。——译注

② 此处我们以“自身同一性”翻译 Selbigkeit(英译本 sameness)，以“同一性”翻译 Identität。——译注

基底的东西，在此意义上，它就不再是基础。而因为它不再是基础，所以我们就在严格的和严肃的意义上谈论“离基－深渊”[①]。那些在一种别具一格的意义上被叫做思想的基本原则的命题——如果我们对它做了充分思考——把我们引向离基－深渊。但离基－深渊是不再能阐－明的，只要阐－明意味着：使某种奠基的、并且作为基础呈放出来的东西显露出来。然而，我们还能怎样来思考那些把思想引向其离基－深渊的命题呢？只有当思想废除了自己的一切基础，而在废除的过程中设定（Setzen）与命题（Satz）[②]的方式已经发生了转变，这时候，思想才能达致其离基－深渊。现在，定律不再意味着 θέσις［设、置］，而是意味着 saltus［突变、跳越］。定律变成了跳跃（Sprung）。基础－原则就成为废除任何基础，并且跃入思想之离基－深渊之中的跳跃。在现在解释的“基础－原则”一词中必然地显示某种悖谬的东西。基础－原则亦即进入思想之离基－深渊中的跳跃。然而，在此暂时出现的悖谬既不是胡编乱造的，也不是一种荒唐的胡说八道。其中倒是得出另一个东西：对“思想的基本原则”这个标题的解释现在才达到其目标了。它剥夺了这个标题的单纯标题的作用。

思想的基本原则——现在这说的是一种呼求，要求思想跃入其离基深渊之中。而最初所谓的思想的基本原则，即我们所阐发的思想规律，是否本身已经是这种进入离基深渊的跳跃[③]了，这还

① 此处“离基－深渊”原文为 Ab-grund，是对 Abgrund（深渊）的改写，但在字面上意即“脱离－基础”，我们姑且译之为“离基－深渊”。——译注

② 或译为“定律”。——译注

③ 此处“跳跃”（Satz）或译为“命题、定律”。——译注

是悬而未决的。我们在第一个讲座中所提交的黑格尔对思想规律的阐释,无论如何都会阻止思想规律成为进入思想之基离-深渊的跳跃。

思想的基本原则——这个标题现在透露出它的准确性。“基本原则”的定冠词“这些”[①]被去掉了,这并不是因为在诸多思想规律中我们要探讨的只有其中几个而非全部规律,而是因为这个表面上的标题要求我们,冒险一试那尚未经验过的、不可忽略的思想 113
的跳跃,即跃入思想的离基深渊之中。也许那些通常所谓的“思想的基本原则”可以成为这方面的一个契机。(我们以《同一律》为题的下一个演讲,将于校庆纪念周期间,即6月27日星期四,在市政厅举行,该演讲就以这一定律为契机,尝试至少为思想向其离基深渊的跳跃做一些准备。)

现在,关于进入离基深渊的跳跃的说法立即唤起了一个印象,好像这里涉及某种非常深刻的、令人不安的甚或是毁灭性的企图。然而,这种关于进入离基深渊的说法却是指这样一件事,它虽然对我们来说完全改变了意义,但不可能迫使我们进入一种昏暗的模糊不清的状态中。跳跃指的是一种思想的转变,这种思想世界历史性地规定着我们的时代。如若这样一种转变向来竟得以发生,那么,为此就需要一种起跳(Absprung),就是跳离那种已经变成计算的思想。现在,虽然一种跳跃始于起跳,但起跳首先由跳跃而得到规定,而且唯由此而得到规定,规定了在跳跃中如何跳跃以及跃向何方。人是否能够胜任这样一种思想的跳跃,以及能做到什

① 即复数定冠词die。——译注

么程度，并不取决于人自己。相反，我们的任务是为跳跃做好准备。其要义在于把我们的思想引向起跳。这是一件十分严肃的事情。严肃对我们而言即使不是苍白无聊，也至少意味着枯燥。严肃(Nüchtern)来自 nocturnus，即黑夜般的。在思想之基础－跳跃的准备中，也即在思想进入离基－深渊的跳跃的准备中，重要的是一种 Notturno[夜曲]。根据上文所述，这种离基－深渊只会成为思想的离基－深渊，思想作为已经转变了的思想就在此离基－深渊中找到一个与自己相应的领域。但这种离基－深渊却比我们所以为的更接近我们这些终有一死者。

114 荷尔德林在一首晚期赞歌中唱道：

天神之力并非万能
正是终有一死者更早达乎深渊……
(斯图加特版，第2卷上册，第193页)①

让我们好好关注一点：终有一死者乃是那些人，他们更早地达乎离基－深渊，所以也就是那些人，他们居住于死亡之庇所(Gebirg des Todes)，因此能够赴死。动物不能赴死；动物只能完蛋。与此结伴而行的可能是，动物不能思想。思想乞灵于一种与死亡

① 荷尔德林：《回忆》(*Mnemosyne*)(第一稿)，载《著作全集》，荷尔德林著作斯图加特大开本版，im Auftrag des Württemberg. Kultusmin，弗里德里希·巴斯纳(Friedrich Beißner)编. 斯图加特，1943—1985年。——原注

的选择性亲缘关系[①]。

我们看到自己面临着一个区分：

那些思想规律意义上的思想的基本原则(黑格尔已经表明，没有一种思想会遵循这些思想规律)——与——思想进入其离基－深渊的跳跃意义上的思想之基础－跳跃。

但现在，思想的离基－深渊不同于诗人所命名的深渊。[②]

---

① 此处"选择性亲缘关系"原文为 Wahlverwandtschaft，英译本作 an elective affinity。——译注

② 海德格尔意思是，此处"离基－深渊"(Ab-grund)与上引诗人荷尔德林诗句中所命名的"深渊"(Abgrund)有别。——译注

115

3、演讲三：同一律

按照一个流行的公式，同一律就是：A = A。这一定律被认为是最高的思维规律。我们试图对这一定律作一番思索。因为我们想要通过这一定律来经验什么是同一性。

如果思想被一种实事所要求，并且跟随这一实事，那么，它将可能在途中发生变化。因此下面可取的做法是，关注**道路**而少注意内容。演讲的进程已经阻止我们在内容上作过多的停留。

在人们惯于描述同一律的公式 A = A 这里，到底说出了些什么呢？这个公式指称着 A 与 A 的等同性。一个等式至少包含两方。一个 A 等于另一个 A。同一律就是要说出这一点么？显然不是。同一性（das Identische），即拉丁语的 idem，在希腊文中就是τὸ αὐτό［自身、本身、同一］。翻译为我们的德语，τὸ αὐτό就是同一者（das Selbe）。如果一个人总是说着同一者，例如说：植物是植物，那么，他就是在同语反复。为要某物能是同一者，向来有一个就足够了。不像在等同性那里要求它的两方。

公式 A = A 讲的是等同性。它不是把 A 称为同一者。因此，这个流行的关于同一律的公式恰恰掩盖了这个定律所要说的东西：A 是 A，即每个 A 本身都是同一的。

在我们以这种方式改写“同一性”的时候，不禁想起了柏拉图借以让人了解“同一性”的一个古词。这个古词的意思又回溯到一个更古的词。柏拉图在《智者篇》254d 中谈到στάασις[静止]和κίνησις[运动]，谈到静止和突变。在这段话中，柏拉图让一个陌生 116
人说：οὐκοῦν αὐτῶν ἕκαστον τοῖν μὲν δυοῖν ἕτερόν ἐστιν, αὐτὸ δ'ἑαυτῷ ταὐτόν.[1]“诚然，其中的每一个都与其余两个相异，但本身对它自己来说都是同一的。”柏拉图不只是说：ἕκαστον αὐτὸ ταὐτόν，“每一个本身都是同一的”，而是说：ἕκαστον ἑαυτῷ ταὐτόν，“每一个本身对它自己来说都是同一的”。这个第三格ἑαυτῷ[本身]意味着：每一个东西本身被交还给它自己，每一个本身都是同一的——即与其自身、对它自己而言。在这里，我们德语与希腊语具有同样的便利，用同一个词来说明同一者，但却是在其各种不同形态的复合词的接合处来说明的。

因此，对同一律而言，更适当的公式“A 是 A”说的不光是：每一个 A 本身都是同一的，它毋宁是说：每一个 A 本身都是与其自身同一的。对于同一者之自身同一性[2]来说，诚然向来只需要一个东西，但在这一个东西本身的同一性中却显露出一种关系：每一个东西本身都是与其自身同一的。在同一性中有一种“与”(mit)的关系，也就是说有一种中介、一种关联、一种综合：进入一种统一性之中的统一过程。由此看来，贯穿西方思想的历史，同一

[1] 《柏拉图著作集》(*Platonis Opera*)，约翰·伯纳特(Joannes Burnet)编，牛津 1889 年，第一卷，254 d 14 sq.——原注

[2] 此处“同一者之自身同一性”原文为 die Selbigkeit des Selben，英译本作 the sameness of same。——译注

性都显现于统一性的特征中。但这种统一性决不是那种单调的空洞，那种在其自身中没有任何关系、只是一味地持守于一种千篇一律的东西的空洞。然而，直到这种与其自身同一的东西的关系——在同一性中起着支配作用的、早已流露出的关系——作为这样一种中介作用明确而有影响地显露出来为止，甚至直到为这种中介的显露在同一性内部找到一个住所（Unterkunft）为止，西方思想竟需要两千多年的时间。因为，直到思辨唯心主义哲学，经莱布尼茨和康德的酝酿，通过费希特、谢林和黑格尔，才为在自身中综合的同一性之本质创建了一个住所。这一点在此还不能详
117 论。只需要记住一点：从思辨唯心主义时代起，思想就不准把同一性之统一性表象为纯粹的千篇一律，也不准忽视在统一性中起支配作用的中介了。在此类情况发生之际，同一性就只是抽象地被表象了。

即便在修正后的“A是A”这一公式中，也只有抽象的同一性显露出来。真是这样吗？关于同一性，同一律说出了些什么吗？没有，至少没有直接说出点什么来。而毋宁说，这个定律已经把何谓同一性以及它归属何方设为前提了。

我们如何才能真正获悉这种前提的情况呢？我们只有认真倾听它的基本音调，沉思它，而不只是轻率地对“A是A”这一公式乱说一通，这时，同一律才会把情况告诉我们。它真正说的是：A是A。我们听到了什么呢？

在这个“是”（ist）中，这个定律说出每一存在者如何是（存在），也即：它本身与其自身同一。同一律讲的是存在者之存在。这个定律之所以被看作思想的一个规则，只是因为它是存在的一

个规则，即是说：每个存在者之为存在者都包含着同一性，即与它自己的统一性。

从其基本音调来听，同一律所说出的东西正是整个西方－欧洲思想所思的东西，这就是：同一性之统一性构成了存在者之存在(Sein des Seienden)中的一个基本特征。无论我们在何处以及如何来对待哪一个类型的存在者，我们都感到自己已经被同一性所呼求了。倘若这种呼求[1]不说话，那么，存在者就决不能在其存在中显现出来。因此也就不会有什么科学了。因为对于科学来说，倘若没有预先总是确保了其对象的同一性，它就不可能成其所是。研究往往要求这种保证。但关于对象的同一性的主导概念决不为科学带来立等可取的成果。然则对象之同一性的呼求，在科学得以构成卓有成效的观念和做法之前，总是已经在说话了。（不管科 118
学有没有特别地倾听这种呼求，科学从第一步直到最后一步，都必须满足对象之同一性的呼求。）

同一性的呼求从存在者之存在而来说话。根据哲学的学说，同一性乃是存在的一个特征。但在西方思想中，在存在者之存在最早地而且特别地形诸语言的地方，也即在巴门尼德那里，就有τὸ αὐτό，即同一者，在一种近乎过度的意义上说话。巴门尼德的一个句子说：τὸ γὰρ αὐτό νοεῖν ἐστίν τε καὶ εἶναι.[2]“因为觉

---

① 海德格尔把 Anspruch（要求、呼声）当作 ansprechen（招呼、要求）的名词来使用，强调它与 sprechen（说话）的关系。我们把 Anspruch 译为“呼求”。——译注

② 海尔曼・第尔斯：《前苏格拉底思想家残篇》，希－德文本，第五版，瓦尔特・克兰茨编，柏林，1934 年，第一卷，第 231 页，残篇第三。——原注

知（思想）与存在是同一者”。①

在这里，不同的东西——思想与存在，被指向同一者（das Selbe）。这说的是什么呢？说的是某种完全不同于我们通常认作形而上学学说的东西，后者认为：同一性（Identität）属于存在。与之相反，上引巴门尼德的命题则说：存在与思想一道归属于同一者。那么，存在是同一性的一个特征么？

在此何谓同一性呢？在巴门尼德的这个残篇中，τὸ αὐτό即“同一者”一词说的是什么？对此，巴门尼德没有给我们答案。我们没有经验到，在这里要如何来思考τὸ αὐτό，即“同一者”。

同一性本身说话之处，而不只是同一律说话之处，它的箴言就要求：思想与存在在同一者中共属一体。不知不觉地，我们现在已经解释了τὸ αὐτό，即同一者，因为我们把自身同一性解释为共属性。以这种解释，我们没有求助于后来的同一性规定，也就是同一性据以成为那种把某物与它自身统一起来的统一性的规定？

119 但巴门尼德的命题谈论思想与存在。它谈论两者，它们虽然是不同的，但恰恰作为这种不同者才成为同一者。在这里人们会认为，巴门尼德先行思考了那种首先在思辨唯心论中得到思考的、包含着一种双重性的同一性。

我们很容易在后来所思考的、众所周知的同一性意义上来解释巴门尼德的命题中所指出的思想与存在的自身同一性。什么能

---

① 通译为“思想与存在是同一的”。我们在此译为“觉知”的 Vernehmen 一词，是海德格尔对巴门尼德的νοεῖν的翻译。海德格尔认为，巴门尼德是前苏格拉底的“思者”，他的“觉知”（思想）还不是哲学思维。——译注

够阻止我们这样做呢？无非是我们在巴门尼德那里读到的这个命题本身。这个命题说：存在与思想一道归属于同一者。存在从一种同一性而来被规定为这种同一性的特征。与之相反，后来所思考的同一性则被表象为存在身上的一个基本特征。这就是说，我们不能企图从这种同一性出发来解释那种同一性，即那种也还规定着存在本身的同一性。

巴门尼德所思的思想与存在的自身同一性，比起首先源自存在、在形而上学中被表象的同一性来，渊源更远。

巴门尼德命题中的主导词τὸ αὐτό，即同一者，仍然晦暗不明。我们且让它晦暗不明罢。但我们同时要从巴门尼德这个命题那里获得一个暗示。因此，我们借以沉思同一性之本质的那条道路就避免了任意妄为。

但此间，我们已经把思想和存在的自身同一性规定为两者的共属性。我们太过仓促了，也许是迫不得已的。我们必须消除这种匆忙。只要我们不把上面所指出的共属性当作最终的甚至唯一的对思想与存在之自身同一性的标准解释，我们就能做到这一点。

如果我们按照习惯来思这种“共属”，那么，“属”的意义，只能从“共”亦即从后者的统一性那里得到规定，[1]这一点已经由这个词的重音表明了。在这种情况中，“属”的意思是：被归入、被归整到一种“共”的聚集中去，被安排到一种多样性的统一性中去，通过 120

① 此句中的“共属”(Zusammengehören)一词拆分开来，就是“共”(Zusammen)加上“属”(Gehören)。“共属”、“共”和“属”三词上的引号为笔者所加。——译注

一种决定性的综合的统一中心的中介作用，统排到系统之统一性中去。哲学把这种“共属”表象为 nexus［相联］和 connexio［联系］，表象为一方与另一方的必然联系。

可是，“共属”也可以被思为“共属。”[①]这就是说，“共”现在是从“属”中得到规定的。当然，在此我们还须追问：“属”的意思是什么，它本己的“共”又是如何从它那里规定自身的。这个问题的答案比我们想象的要近些，但也不是就在我们手边。如果我们现在通过这种提示注意到了这种可能性，即不再从“共”的统一性中来思考“属”，而是从“属”出发来思考这种“共”，那就足够了。

但是，对于这种可能性的提示难道不是一种装成某些东西而在可核查的事态中却没有任何根据的空洞的文字游戏吗？在我们没有更深刻地观察和让事情言说之前，情况看起来就是如此。

对在“共属”意义上的“共属”的提示起于对我们上面所说的事态的考察。只是由于它的素朴性，要想把它保持在视野中是很困难的。可是，只要我们注意到下面这一情况，即：在把“共属”解释为“共属”之际，我们已经考虑到对那种自身同一性的探讨，即对——按照巴门尼德的命题——思想与存在所归属的那种自身同一性的探讨，那么，这一事态就立即更加亲近于我们了。因此，我们就要从在其中共属一体的东西即思想与存在出发，来思量这种“共属”。

如果我们把思想理解成人的标志，那么，人与存在的“共属”就

① 此句中两个“共属”是同一个词 Zusammengehören，只是后一个“共属”之“属”（gehören）被加了重点号。——译注

会成为我们的课题。我们很快就会发现自己被这些问题所困扰：何谓存在？人是谁，或者说，人是什么？人人都不难看出：没有对这些问题的充分解答，我们就缺乏一个基础，在此基础之上，我们才可能确定关于人与存在之“共属”的某种可靠的东西。但是，只 121
要我们以这种方式进行追问，我们就会受制于那种把人与存在的共属表象为一种归列（Zuordnung）的企图，并且或者从人，或者从存在出发来设立和说明这一归列。在此，关于人和存在的传统概念构成了人与存在两者之归列的立足点。我们于是根据一种要么从人，要么从存在角度被规定的一种可表象的共同排列（Zusammenordnung）的统一性来思考，而没有去关注一下，在这一“共属”中首先是否以及如何可能有一种“属”（Gehören）在起作用。我们顽固地不理会这样一点，即：这种“共属”已经向我们发出呼求了。何以是这种情况呢？

当我们更细心地沉思关于人与存在之本质的流俗规定真正包含着什么时，就已经得出一种可能性，即有可能觉知到人与存在的“共属”的居于支配地位的呼求——尽管只是远远地觉知到的。

显然，人是某种存在着的东西。作为存在者，人属于存在整体。在这里，“属于”的意思依然是：被排列入存在之中。但是，人的别具一格之处就在于，作为思想动物，人能理解存在者之存在，因为人为存在所呼求而应合于存在。人就是（*ist*）这种应合之关联[1]，并且只是这种应合之关联。在人那里有一种向存在的归属

① 此处“应合之关联”原文为 Bezug der Entsprechung。前句的“应合”则是动词 entsprechen。——译注

在支配着，这种归属倾听着存在，因为它被转本给存在了。

那么存在呢？让我们按照它的原初意义把它思为在－场（An-wesn）。存在使人在场，这既不是附带的情况也不是作为例外的情形。存在本质性地现身并且持续着，但也只是由于存在关－涉（an-geht）到人。因为唯有为存在敞开的人，才让存在作为在－场而到来。这种在－场需要一种澄明之敞开域（das Offne einer Lichtung），并且因此被转本[①]给人类。这决不是说，存在首先并且只是通过人而被设定的。相反，下面这回事情变得清晰了：

人与存在，两者被一种"相互归属"所贯通和支配。从这样一
122 种尚未得到切近思考的"共属"中，人与存在才首先获得了那些本质规定性，在其中，人与存在通过哲学而被形而上学地理解了。

然而，只要我们停留在关于排列和中介作用的单纯表象中，那我们就决不能经验人与存在的起支配作用的"共属"。这样一种表象始终只是向我们表明一种联结，这种联结要么是从存在那里，要么是从人那里被联结起来，而且想到了两者如此被规定的"共"（*Zusammen*）。这种表象没有让我们转投（einkehren）入"共属"之中。但如何才能达到这种转投呢？[②] 我们如何才能更切近地经验这一点呢？那就需要我们脱离关于此类联结的单纯表象的态

① 此处"转本"（übereignen）与"本有"（Ereignis）相关。——译注

② 此处"转投"原文为Einkehr，在日常德语中有"休息、投宿"与"沉思、内省"双重意义，海德格尔把它用作动词einkehren（投宿、来到、出现）的名词，我们姑且译之为"转投"。——译注

度。这种自行脱离乃是一种跳跃（Sprung）意义上的定律（Satz）。[①]它跳离，也就是说从把人作为 animal rationale［理性动物］和对客体而言的主体的流俗观念中跳出来，同时也是从作为存在者之基础的存在那里跳出来。

如果跳离（Absprung）是从基础中跳出来，那么它跳到什么地方去呢？难道是跳入一种离基深渊中么？只消我们还在形而上学思维的眼界中来表象这种跳跃，那么回答就是肯定的。只要我们跳跃，并且释放自己，那么回答就是否定的。跳往何处？跳到我们已经被允许进入的地方，即：跳到对存在的归属之中；但存在本身归属于我们，因为只有在我们这里存在才能作为存在而本质性地现身（*wesen*），也即在－场（*an*-wesen）。[②]

所以，为了专门体验人与存在的"共属"，就必须有一种跳跃。这种跳跃就是在没有桥梁的情况下突然转投（Einkehr）入那种归属中去，这种归属首先就得交付人与存在的一种并存，从而交付两者的一种情势。跳跃就是突然转投入某一领域，从这一领域而来，人与存在向来已经在其本质中相互到达。

罕见的跳跃也许能使我们洞察到：我们在我们本来就已存在的地方停留得还根本不够。我们在何处存在呢？在人与存在的何种情势（Konstellation）中呢？何种共属，何种同一性贯通和支配

① 此处 Satz 一词有"定律、原理、跳跃"等意义。在本文中，海德格尔利用此词的多重意义作思路的转变。顺便指出，海德格尔非常重视"跳跃"（Sprung）一说，在《形而上学导论》、《哲学论稿（从本有而来）》等著作中都有发挥。——译注

② 此处两个动词"本质性地现身"和"在－场"原文分别为 wesen 和 an-wesen，词根均为 wesen，中译文无法显示这种词根联系。——译注

123 着存在与人的本质？这种同一性，这种被思为“共属”的同一性，其呼求是从何种地带中发出来的？

今天，为了洞察人与存在从中得以共属一体的情势，我们不再像多年以前那样需要烦琐的指示，至少看起来是如此。人们可能会认为，为了经验今天对我们来说在场的是何种存在，指出原子时代这个词就足够了。但是，莫非我们可以不加考虑地把技术世界与存在设为一体吗？显然不可。即便我们通过表象把这个世界理解为一个联合了被释放的原子能与对人类居住的全部区域具有烙印作用的计算性规划和自动化的整体，也仍然不可。为什么这样一种对技术世界的提示依然没有把今日存在与人的情势带入眼帘呢？因为人想得太短浅了。因为所提及的技术世界整体首先是从人出发被表象为人的制作品。在最广义上并且按其多样的显现来看，技术被视为人所筹划出来的规划，这种规划最终逼人作出决断：他是想成为其规划的奴仆呢，还是想依然作为其规划的主人。

通过这一关于技术世界整体的观念，人们把一切限制在人身上，并且——充其量——得以要求一门技术世界的伦理学。囿于这种观念，人们就以为，认为技术只不过是人的一种事情而已，在其中说话的并不是存在之呼求。为这种意见所占领，我们就依然不会去关注一下人与存在的“共”，更遑论努力去倾听那种“属”，也即首先让两者即人与存在相互端呈的那种“属”。

让我们最终摆脱一味技术地、也即从人及其机械方面来表象技术的东西吧！让我们把注意力放在一种呼求上吧！在我们这个时代里，不仅人，而且所有存在者，自然和历史，就它们的存在而言，都处身于这种呼求之中。

我们指的是何种呼求呢？我们的整个此在感到自己处处受到 124
促逼，[1]转而致力于对于一切事物的规划和计算。在这种促逼中什么在说话呢？这种促逼仅仅起于人自己造成的某种情绪吗？或者，并非一切存在者已然与我们相关涉，而且只是这样，即存在者在其可规划性和可计算性中招呼我们？在这里什么得到了揭示呢？无非是这样一点：像存在一样，人也在同一尺度中被促逼，也即被摆置，让一切存在者在可规划性和可计算性中在场，但先于一切地把人、把与人相关涉的存在者保障为人的规划和计算的存料，并且把这种订置（Bestellen）推向不可估量的境地。那种呼求，既让存在者在可规划性和可计算性中显现出来，又把人促逼入对如此这般显现的存在者的订置中——这种呼求构成我们逗留于其中的情势。现代技术世界的本质整体据此得到规定。

促逼使人与存在相互投置（zu-stellen），使得它们相互摆置自身。表示这一促逼之聚集的名称乃是：集－置。[2] 人们已经不满于这种词语用法了。我们也用“放置”来替代“摆置”，而且在我们

---

① 此处“促逼”原文为 herausfordern，在日常德语中意为“引起、惹起、挑起、挑动、挑战”等，但海德格尔强调的是 fordern（要求、需要、使唤）之意，因此我们译之为“促逼”。参看海德格尔《技术的追问》，载《演讲与论文集》，孙周兴译，北京：三联书店，2005 年，第 3 页以下。——译注

② 此处“集－置”（Ge-Stell）是海德格尔自造的一个词语，在日常德语中有 Gestell 一词，意为“支架、物架”等。但海德格尔将其分写成 Ge-Stell，旨在表示它有动词 stellen（摆置）的过去分词的意义，同时 Ge-这一前缀又有“集合”之义。我们权译之为“集置”。海德格尔以此词语思技术的本质。上文中一系列用 stellen 作词根的词语均应联系“集置”来读解。可参看海德格尔的《技术的追问》以及本书中的《转向》一文。——译注

使用“规律”一词的时候并不觉得有何不妥。[①] 我们把集－置（Ge-Stell）一词理解为与“规律”（Gesetz）一词相应的。集－置是一切放置、摆置和订置之标尺的聚集，在其中人与存在相互关涉。集－置以一种奇怪的方式让人与存在相互归属。它之所以令人奇怪，是因为我们不再在那种表象的视界中碰到集－置所意谓的东西，这种表象让我们思考存在者之存在。因为一方面，在集－置一词中有待思的东西并不与人相对立。集－置不再像作为在－场的存在那样关涉到我们。集－置首先把存在规定入一种与人的“共”之中。而另一方面，在集－置一词中有待思的东西之所以令人奇怪，
125 主要是因为它本身不是最后的东西，而是首先把我们传送给那个东西，那个本真地贯穿于存在和人之现在情势的东西。

人与存在以相互促逼的方式的“共属”使我们惊奇地了解到：人归本于存在以及人如何归本于存在，而存在赋本给人类以及存在如何赋本给人类。在集－置中有一种罕见的归本和赋本起着支配作用。现在要紧的是纯朴地经验这种具有（Eignen），人与存在在其中得以被相互具有[②]的这样一种具有，也即转投入我们所谓的本有之中。

“本有”（Ereignis）一词源于那种发育好的语言。“本－有”[③]

---

① 海德格尔这里的意思是说：“放置”（setzen）可致“规律”（Gesetz），“摆置”（stellen）自然也可以有对应的“集置”（Gestell）。——译注

② 此处“具有”原文为 ge-eignet。德文动词 eignen 既有“独具、具有”之义，又有“适合”之义。——译注

③ 此处“本－有”原文为动名词 Er-eignen，我们也译之为“居有”。在此上下文中，我们以“本有”译 Ereignis，以“本－有”译 Er-eignis（中间加了个连词符）。——译注

的原初意义是：er-äugen，即看见，在观看中唤起自己，据－有(an-eignen)。现在，更源始地来思，“本－有”一词应作为为一种思想服务的主导词语来说话，这种思想尝试把巴门尼德的那个晦暗词语τὸ αὐτό，即同一者——思想与存在是同一的——保持在记忆中。“本有”一词就像希腊的主导词语λόγος[逻各斯]和中文的“道”(Tao)一样几不可译。“本－有”一词在这里的意思不再是我们通常所谓的某个事情、某个事件。这个词现在被用作单数。

本－有命名的是由之而来有待思、因此本真的让人与存在相互归本的“让归属”。我们在集－置(作为现代技术世界中存在与人的情势之本质)中经验到的东西，乃是所谓的本－有的一个前奏。本－有未必就仅仅停留在前奏中，它由此以集－置的方式让人与存在共属一体。在本－有中有一种可能性发出呼求，即，它经受作为集－置之单纯支配作用的本有，使之进入原初的居有(Er-eignen)中去。这样一种从本－有而来进入本－有之中的对集－置的经受或许就产生了一种本有性的(ereignishaft)——也就是说绝非单单由人能制作的——对技术世界的回撤，即从其统治地位到服务地位的回撤，这是在人由以更本真地达到本－有之中的那个领域范围内发生的。

看起来，似乎我们现在已经陷入一种危险了，即我们的思想过 126
于漠然地定向于某个冷僻的普遍之物；而实际上，以“本有”这个名称，只有我们已经居留于其中的那个近处(Nahen)的最切近的东西径直向我们说话。然而，比起那个使我们接近于我们之所属——在其中我们就是归属者——的东西，也即本－有，还能有什么更切近于我们呢？

本演讲的开头给出过一个指引，即要关注道路。这条道路通往何方了？通往我们的思想的转投，即转投入我们在严格词义上命名为本－有的那个质朴的东西。它使人与存在进入一种“共属”之中。“属”现在意味着：归本（vereignet）、赋本（zugeeignet）。人从其本质而来被归本于起初还被叫做“存在”的那个东西，因为人被存在所使用。存在作为在－场被赋本于人之本质。

人真正地是谁，存在真正地是什么，对于这些问题，只有当思想已经转投入那个领域之中，即居有、归本、本己物和本真性在其中起支配作用的那个领域，这时候，我们方能恰当地究问之和猜度之。

本－有乃是于自身中颤动着的领域，通过这个领域，人与存在丧失了形而上学曾经赋予给它们的那些规定性，从而相互在它们的本质中通达，获得它们的本质性的东西。

把本有思为本－有[①]，这意味着：从事这一在自身中颤动着的领域之建筑的建造工作。思想从语言中获得用于这个在自身中飘荡的建筑的建造工具。因为语言是在本有的飘荡着的建筑中最温柔的，但也是最无力的、忍住一切的颤动。

然则前面所说的与同一律有什么关系呢？我们要退到曾走过的路上来做出回答。

本－有使人与存在归本于它们本质性的“共”（Zusammen）

---

① 此处出现了两个“本有”（Ereignis），但后一个“本－有”（Er-eignis）多了一个连词符。——译注

中。在集-置中,我们看到了本有的在今天让我们感到咄咄逼人
的第一次闪光。但集-置构成现代技术世界的本质。集-置普遍 127
而直接地与我们相关涉。集-置乃是——如果我们现在还可以这样说——更具存在者特性的,比一切原子能和一切机械更具存在者特性,比一切组织、信息和自动化形式更具存在者特性。在集-置中,我们看到了一种人与存在的"共属",在其中,"让归属"(Gehörenlassen)首先规定着"共"(Zusammen)的特性及其统一性。集-置促逼人去从事存在之计算,而存在本身已经被要求进入可计算状态之中了。集-置把两者,即人与存在,置于那个地步,使两者相互促逼而进入对作为可订置的存料的存在者的订置中。

通过巴门尼德的命题——"因为思想和存在是同一者"——我们才得以随行入那个追问一种"共属"的问题之中,在这种"共属"中,"属"优先于"共"。对这种同一者的意义的追问,即对区分者之自身同一性的追问,就是对同一性的本质的追问。按照形而上学的学说,同一性被视为存在者之存在的一个基本特征。(如果我们来倾听同一律A是A的真正重音,那么,同一律说的也是这一点。关于同一性的本质,同一律并没有给出任何答复。)与之相反,巴门尼德的命题(在其中通过τὸ αὐτό即同一者,同一性本身在说话)却包含着一个暗示。不过,τὸ αὐτό即同一者依然是一个谜语,而且只要思想没有成功地先行思入那个地带,即"**共**属"作为"共**属**"从中向我们发出要求的那个地带,那么事情就依然如此。在那个地带中,我们或许可以经验到同一性之本质渊源。我们可以在以"本-有"为名更接近于我们的思想目光的东西中,寻找同一性之

渊源的位置吗？

同一性的本质就是本－有的一个本己物。[1] 只有当我们基于本－有来思时，我们才能有意义地道说本真性。如果我们说在把
128 我们的思想指引到同一性的本质渊源处的尝试中有某种站得住脚的东西的话，那么，我们这个演讲的题目又会变成什么呢？“同一律”这个标题的意义或许就已经发生了变化。

同一律最初表现为一个原则，后者说同一性乃是存在的一个特征，也即存在者之基础的一个特征。这一在陈述意义上的命题中途变成了一个具有跳越特性的定律[2]；这种跳越摆脱了作为存在者之基础的存在，并因而跳入离基深渊(Abgrund)之中。但是，这个离基深渊既不是空洞的虚无，也不是幽暗的迷乱，而是：本－有。在本－有中回荡着那个作为语言而言说的东西的本质；而语言之本质一度被我命名为存在之家。[3]

现在，同一律[4]说的是：本－有即同一性之本质所要求的一种跳跃，因为，如果人与存在的“共属”应当进入本－有的本质之光中，那么，本有就需要这种跳跃。

从作为一个关于同一性的陈述的定律，到作为进入“共属”之

---

① 此处“本－有的一个本己物”原文为 ein Eigentum des Er-eignisses，英译本作 the propriety of the appropriative event。——译注

② 此句中的“命题”和“跳跃”原文都是 Satz。——译注

③ “语言是存在之家”是海德格尔首先在《关于人道主义的书信》一文中提出的表述，可参看海德格尔：《路标》，中译本，孙周兴译，北京：商务印书馆，2001年，第366页以下。——译注

④ 原文为 Satz der Identität，此处一语双关，既是“同一律”，又是“同一性的跳跃”。——译注

本质来源处的跳跃的定律,思想已经在途中发生了变化。因此,直面当前来看,思想超脱人的境况而看到那种从两者相互具有的东西即从本-有而来的人与存在之情势。

假如我们面临着这样的可能性:集-置,亦即那种使人与存在进入对可计算的东西的计算之中的相互促逼,作为本有揭示自己,而本有才首先使人与存在归本于它们的本真状态中,那么,就有可能敞开一条道路,在此道路上,人得以更原初地去经验存在者,去经验现代技术世界整体,自然和历史,而首先是去经验它们的存在。

只要人们以十分严肃的负责态度对原子时代的世界的沉思只是力求——但同时也只是安慰自己——推进对原子能的和平利用,那么,我们的追思就还停在半道上。于是,人就对处于其形而上学的统治地位之中的技术世界做了更深的和格外的保证。

可是,哪里已经确定了,自然要永远保持为现代物理学的自 129
然,而历史要仅仅表现为历史学的对象呢?诚然,我们既不能把现代技术世界当作魔鬼的作品而抛弃掉,也不可毁掉技术世界——除非技术世界自己毁掉自己。然则我们更不可沉湎于这样一种意见,即认为技术世界的一个特性是完全禁止一种离开技术世界的跳离。这种意见来源于一种对实际事件的着迷状态,也就是着迷于把实际事件看作唯一现实的东西了。这种意见确实是幻想的,而不是一种追思,一种直面观看那种作为人与存在的同一性之本质的呼求而来到我们面前的东西的追思。

无论我们试图思想什么以及如何思想,我们都是在传统的运作空间中思想。当传统把我们释放出来,使我们从追思而来进入一种不再是规划的前思之中时，这种传统便起着支配作用[①]。只有当我们在运思之际把注意力转向那已经被思想的东西，我们才被利用，为那依然有待于思想的东西尽力。

---

① 此处“追思”(Nachdenken)和“前思”(Vordenken)相对而言，前者在字面上也可译为“后思、沉思”。——译注

4、演讲四 130

下面的沉思将跳过前一个探讨同一律的演讲。我们的沉思毋宁说是要唤回第二演讲的思路，旨在再次（现在当然是在第三个演讲之后）仔细地考量一下第二个演讲——但却是以不同的视角。不过，因为这个关于同一律的演讲作为书面的方式、也作为口头的方式特别地被固定下来了[①]，所以就需要有一个简短的后记。

这个后记早就已经写好了，也即预先已经写好了。我们可以在柏拉图的一个对话中找到这个后记，这个对话冠有《斐德若篇》之名。在对话接近结束的时候，苏格拉底谈起了εὐπρέπεια καὶ ἀπρέπεια τῆς γραφῆς[②]，即写作与作品的适宜和不适宜。苏格拉底在此讲了一个来自古埃及的故事。[③]

苏格拉底："行。据说埃及的瑙克拉提地方住着这个国家的古

---

① 海德格尔的演讲《同一律》由纳斯克出版社出版于1958年。——译注

② 《柏拉图著作集》(*Platonis Opera*)，约翰·伯纳特(Joannes Burnet)编，牛津，第二卷，1900年。参看《斐德若篇》，274 b6。——原注

③ [编者注：在口头演讲时海德格尔有以下说法："……在这里没法复述了"——就略去了这个故事。——大概是由于时间原因。但在手稿中，我们却可以看到此处插入的海德格尔自己做的《斐德若篇》(274 c 5－275 b 4)的部分译文。]——原注[译按：这段译文参考了《柏拉图全集》第二卷，中译本，王晓朝译，北京：人民出版社，2003年，第197—199页；中译本与海德格尔德译本有较大出入的地方，按照海德格尔版本译出。文中的括号里的注释乃作者所加。]

代神祇之一，被诸神称作白鹭的神鸟也属于此地，这位神自己的名字是塞乌斯。他首先发明了数字和算术，还有几何与天文，跳棋和骰子也是他的首创，尤其重要的是他发明了文字。当时统治整个埃及的国王是萨姆斯，住在上埃及的一个大城市，希腊人称之为埃
131 及的底比斯，并把这位神称作阿蒙。塞乌斯来到萨姆斯这里，把各种技艺传给他，要他再传给所有埃及人。萨姆斯问这些技艺有什么用，当塞乌斯一样样做解释时，那国王就依据自己的好恶做出评判。据说，萨姆斯对每一种技艺都有褒有贬，一样样都说出来太冗长，我就不说了。不过说到文字的时候，塞乌斯说，'大王，这种学问可以使埃及人更加聪明，能改善他们的记忆力。因为发明它就是为了用作治疗记忆与智慧的药剂。'但是那位国王回答说，'多才多艺的塞乌斯，能发明技艺的是一个人，能权衡使用这种技艺有什么利弊的是另一个人。现在你是文字的父亲，由于溺爱儿子的缘故，你把它的功用完全弄反了！如果有人学了这种技艺，就会在他们的灵魂中播下遗忘，因为他们这样一来就会依赖写下来的东西，不再去努力记忆。他们不再用心回忆，而是借助外在的符号来回想。所以你发明的这帖药，只能起提醒的作用，不能医治健忘。而关于智慧，你给学生们灌输的东西不是真理而是假象。因为这样一来，他们借助于文字的帮助，可以无师自通地知道许多事情，并显得很有见地，但在大部分情况下，他们实际上毫无见地，并给他们的同胞带来麻烦。——也就是说，显得有智慧而非真正如此。"

斐德若："你真会编故事，苏格拉底，埃及也好，其他国家也好，你都能脱口而出！"

在思考这个故事的过程中，苏格拉底对斐德若说(275 c 5－d 6)：

苏格拉底："所以，那些以为自己的技艺[即演说的技艺]可以靠写成文字而流芳百世的人，还有那些以为它们确凿可靠[这些文字作品]而接受了它们的人，他们的头脑实在是太简单了。如果他 132
们认为这些文字除了提醒已知者[已经知道文字想要表达的东西的人]之外还有什么用，那么他们肯定没有真正明白阿蒙神所说的话。"

对于苏格拉底上面所说的这些话，斐德若只是评价道：'Ορθότατα，"太对了"。苏格拉底接着说：

苏格拉底："写作与文字作品还有一个很奇特的地方，斐德若，在这一点上它很像绘画。绘画作品放在你面前就好像活的一样，但若你向它们提问，那么它们会板着庄严的脸孔，一言不发。写下来的话语也是一样。你可能会觉得它们说的是正在思考的东西，但若你向它们讨教，要它们把文中所说的意思再说明白一些，那么：ἕν τι σημαίνει μόνον ταὐτὸν ἀεί——它们只能用老一套来回答你[它们总是保持着一种不确定的一致]。一件事情一旦被文字写下来，无论写成什么样，就到处流传，传到能看懂它的人手里，也传到与它无关的人手里。它自己自然也不晓得，应该对谁说话和不应对谁说话。如果受到曲解和虐待，它总是要它的作者来救援，自己却无力为自己辩护，也无力保卫自己。"

在苏格拉底和他的少年朋友斐德若的对话中，说话的是柏拉图自己。这位用思想语言作诗的大师在此说的虽然只是文字，却同时暗示着在他整个思想的历程中总是不断地重新向他袭来的东西，也就是思想中的所思之不可陈述。但若由此推出思想是不可言说的，或许就过于匆忙了。毋宁说，柏拉图知道这一点，知道思想的任务就是通过一种道说（Sagen）把未曾道说的东西带到思想近处——而且是作为有待思想的实事。因此，从柏拉图写下的文
133 字中也决不能直接读出他所思的东西，即使那是一些写下来的对话，但由于我们错误地急于在其中寻找一门学说，所以我们也只能罕有地把这种对话释放到一种专心致志的思想的纯粹运动之中。

现在要紧的是把这种沉思与第二个演讲联系起来。该演讲的开头说道："无论以何种方式，我们全都在思考，却没有人了解，思想的基本原则究竟是令思想运行还是令其趋于平静，以及它们是如何令思想运行或平静的。"这一番评说已经在跃入离基－深渊这种变化了的意义上来理解"基本原则"一词[1]；"令思想运行"意味着：为思想开辟路径；"令其趋于平静"说的是：将其带至所有运动最初聚集的地方，不是为了终结，而是为了从源头开始。然而我们全都不了解，思想要挣脱它陷入计算和辩证法之中的状态需要付出怎样的代价。这两者，计算性思维与辩证法思维，根本上是同一个，因为两者都来自那个基础，即根据律所命名的、但又没有思考其本质的那个基础。不过，如果我们的目光转向上面指出的那种毫无了解的状况，我们的收获就已经足够了。我们这几个演讲的道路会把我们带到这里。

第二个演讲命名了路标。上面可以读到"逻辑"两字。关于思

---

①　海德格尔在第二个演讲中已经把"基本原则"（Grundsätze）书作 Grund-Sätze，并把它解为"跃入离基－深渊"。——译注

想的学说被叫做“逻辑”。如果我们足够仔细地来读解这个路标，它就会让我们远离我们所期待的一切。我们起初遵从了路标的指示，而没有更多地注意那被指引的道路的独特性。虽然一定会很明显地，我们似乎已经迷失于对“思想的基本原则”这一标题的多义性的解释中了。实际上，对这一标题的解释是独一无二的任务。诚然，我们必须防止形成一种误解，还以为这里要紧的只是要表明组成这个标题的几个词语可以在哪些不同含义中得到理解。在“思想的基本原则”这一标题的多义性背后隐藏着不断反复的追
问，这种追问关涉思想——只要这种思想贯通并支配着我们的本 134
质，也即存在本身与我们的关联。如此这般来经验，思想就意味着：让存在(Seinlassen)，即让存在者进入其存在中。如此这般来经验，思想就自以为要求一种特有的方式，更多地在一种旋律意义上，这种旋律的演奏者被叫做思想家。

隐藏在“思想的基本原则”这一标题中的问题要求一个答案，以表明：我们要如何对待思想，我们要以何种方式开始思想和从事思想，已经开辟出来的是哪些道路，还要开辟出哪些通向对思想的泰然任之(Gelassenheit zum Denken)的道路，哪些道路还必须添砖加瓦。这些问题起于这样一种猜测，即在一个我们并不了解的时代中，还为思想储备了一种存在之本质命运方面的高级规定。没有人知道，为此今天还能做出怎样的努力，或者更好地是泰然任之。大量迹象——甚至极大多数迹象——表明，此在之荒芜还将进一步增强，进入只还剩下计算的思想之中。以为虚无主义已经被克服掉了，这或许是现时代的一个根本错误。尼采发疯之前的几年间在意大利都灵所写下的话仍然是正确的。他说：“虚无主义

已经站在门口;这个最可怕的不速之客从何而来?"[①]——由于人们即便在今天也还在回避对这个不速之客的本质渊源的追问,人们因此就首先为它敞开了大门,无论西方还是东方都是如此;因为两个世界都没有能力在某个维度上相互招呼,双方必须首先把自己释放到这个维度里,方能经验到什么东西存在以及一切存在者是从存在的何种本质而来说话的。

135 对于"思想的基本原则"这一标题的多义性所做的澄清尝试,会唤起一种假象,仿佛其中涉及的是一种暂时的和外部的工作。然而,深入实事来思考,我们就会发现其中还有其他因素在起作用。

关于这个标题的沉思并没有把给定的词语和概念拆分成许多含义元素。我们的演讲探讨的是我们的思想所归属的地方。为了清楚地认识和集中地了解这个意图,合适的做法是统一地综观此前的思路,使得对道路的展望扩展至思想之位置,并且减少其晦暗不明之处。

如果我们敢于更清晰地说话,那就可以说:我们的系列演讲的唯一主题就是其标题。在此标题下没有任何东西,在一种关于某个主题的陈述的集合意义上没有任何东西。在此标题下没有任何东西,是因为一切都包含在其中了。因此,这个标题也就不是标题了;它不是一个题目,而倒是一个后记[②]。尽管写下的东西带着种

① 尼采:《权力意志》,第一部,"欧洲虚无主义",《尼采著作集》(大八开本版),第15卷,第三版,莱比锡,1922年,第141页。——原注

② 此处"题目"(Überschrift)和"后记"(Nachschrift),在字面上前者是标在上面的文字,后者则是标在后面的文字。——译注

种可疑性，但它写下了某种随我们的思想而来的东西，也就是想要接近和更加接近我们的思想的东西，因为它努力使写下来的东西重新转变为倾听到的东西，但又把倾听到的东西变回观看到的东西。因为只有我们已经观看到的东西（das Erblickte），我们才能观照（schauen），才能把它保存为被观照的东西（美的东西）。我们所知道的只有被观照的东西，这是在古老的意义上的知道，其意为：已经看到并且把所看到的东西保持下来，亦即把它保持为这样一个持续地注视着我们的东西。柏拉图以ἰδέα［相、理念］所思考的东西就起源于这样一种经验。因为以希腊方式来思，“理念”（Idee）就是事物的那种外观（Aussehen），事物由之而来注视着我们人。但倘若只想从视觉出发来解说外观与注视的关联，那么，我们就还不能足够希腊地思考这一切。ἰδέα［相、理念］意义上的外观并不是僵滞的外貌，而是χάρις［优美、恩赐、谢忱］即优美之吹拂[①]。荷尔德林在一首为其乡亲而作的哀歌所吟唱的，触及到被柏拉图所诗化的希腊式的人与存在者之存在的关联的本质。

荷尔德林说： 136

“［……］一个神灵使它们
呼吸这种命运般的优美之气。”[②]

---

① 此处“优美之吹拂”原文为 Wehen der Anmut。海德格尔把希腊文的χάρις一词译为德语的 Anmut（优美）。此处可参看海德格尔：《在通向语言的途中》，中译本，孙周兴译，北京：商务印书馆，2005 年，第 135 页。——译注

② 荷尔德林：《斯图加特》，第 11—12 行，《文集》（海林格拉特编），第二版，柏林，1923 年，第四卷，第 114 页。——原注

如此离题是为了什么呢？这并不是离题，而只是不断重新成为必需的对存在之本质现身者（das Wesende des Seins）的思考——如果我们仍旧在哲学僵死的概念中横冲直撞，而没有注意到，当思想做出合适的倾听之举时，像理念和ἰδέα［相、理念］这样的词语仍在说话，那么，我们就再也无法触到存在的气息。诚然，再次将目光集中在这些简单的关系上，同时表明这些关系是如何一直照耀着整个西方思想的进程，直到黑格尔《逻辑学》的伟大末章，即题为“理念”的一章——这样做在今天看来也太过经常地显得徒劳无功。

只要我们仍止步于肤浅的阅读和令人僵化的理论、满足于大道理并禁受不住每天发生的五花八门的新鲜事儿的诱惑，因而对存在的质朴闪光视而不见，那么，我们的思想就还缺乏根基持存性，还缺失令我们——哪怕只有一点可能——得以接近那个领域的前提条件，也即对思想的基本原则的探讨努力指出的那个领域。

“思想的基本原则”这一说法的多义性在于三个方面：1、双义性。2、歧义性。3、意义的转变。

如果我们同时思考这三个方面的多义性，那么我们就不仅能进入思想史的传承之中，而不如说，这种传承把我们释放出来，使我们得以用另一种方式去掌握思想之本质。所以，如果这里故意部分地重复已经被道说的东西，那么我们就可能注意到：重复同一者并使之每次都更源初地出现，这正是思想的艺术所在。

137 让我们来思考“思想的基本原则”这一说法的多义性的第一个方面：双义性。从语法看，它包含着第二格。因此“思想的基本原则”一方面是指：对思想而言的基本原则。如此来看，这些基本原则就是思想（作为它们的客体）所服从的规律。另一方面，这个第二格也作为主语第二格来说话。依此，这些基本原则就是思想本身所设定的规则。这种设定是由作为主体思考着客体的自我来完成的。第二格的双义性显示出：对于其被看作规则的基本原则来说，思想同时既是主体又是客体。思想是它本身（作为主体）的客体。我们首先必须看穿这种僵化的、实际上不充分的关于第二格的语法上的区分，方能把“思想的基本原则”这个短语借以说话的那个事态收入我们的眼帘。

何种事态呢？思想在由它自身设定的基本原则中与自身相关涉，因而照亮自己。思想运行和停留在好像由它自己点燃的光亮中。但同时，思想也进入一种单凭它被赋予的能力决不能看到的阴影中。就思想的渊源来看，思想与其自身的关联处于一种阴影中。通过种种与自身的返回关系，这种阴影总是跟在思想之后，就好像是思想自己投下了这种阴影似的。思想也投下了阴影，而阴影其实只是已经被投向了思想。在“思想的基本原则”的第二格的近乎无聊的双义性中，隐藏着揭示与掩蔽之间的种种关联。这种种关联贯通并支配着思想，本身却从未得到思考，也不可能得到思考——只要思想还被当作心灵、精神、主体、人的活动，并且由此从它寓居的与存在之关联角度而被截断和简化。所有的辩证法都是这样一种尝试，努力对这种思想的简化加以补充（这种简化虽在某 138
些方面得到了关注，但并没有被摒弃，而是被固守下来了），也就是说，根据理性地被理解的思想之本质的一个整体来规定思想。但这个整体却终究保持为理性以及有着绝对自我确信的主体性的毫无阴影的光明。而且,凡是看到阴影处,阴影都被理解为光明的界限。不过,阴影多于界限,不同于界限。

列奥那多·达·芬奇的说法"光显示,影遮蔽"①更接近于这一事态。然而,决定性的问题是必须寻求解蔽与遮蔽的源始统一性。诚然,人们自古以来都把思想与光亮联系起来。人们谈论理性的自然之光。关于人们赋予理性和思想的揭示与启明之规定性,人们遗忘了作为思想之来源的那种阴影化(Beschattung)。这种阴影化既不来自一种阴影以及幽灵领域,它也不能通过一种陈腐的说明来打发自己,即指明理性之外还有非理性;因为非理性始终只是理性主义的死胎。

思想与光明、光照和闪耀的关联,那种起着支配作用、最后掌控一切的关联,表现在这样一回事情上,即:人们早就认识到了思想的一个特征,也就是反思。反思一方面意味着:返回到自身。只要作为表象的思想表象着某物,那它就以某种方式显现于它所表象的东西中,并从中获得返回到它的表象行为本身的契机,也就是反－思(re-flektieren)的契机。让我们关注一下日常生活中的例子:当我们直观这个熟悉的壶或者其他一个物,比如盘子里的一个苹果,轮椅上的哨子等等,并且同时只关注视觉上被给予的东西,
139 这时候就显而易见,这些对象向来只以某个特定的样子(Ansicht)呈现给我们。各个样子取决于我们观察这些对象时所采取的视

① 参见列奥那多·达·芬奇:《绘画之书》(*Das Buch der Malerei*),德文版,据 Codex Vaticanus 1270 年版翻译,海因里希·路德维希(Heinrich Ludwig)编译,维也纳,1882 年,第五卷,"论影和光"(Von Schatten und Licht),第 277 页,第 549 条(550)。——原注

角。这视角乃是我们的表象的方式。对象的各个样子让我们反思我们的视角。看起来,仿佛对象是一个 X,围绕这个 X,各种样子的组合才得以构成自己,而且必须构成自己,方能完整地把握这个对象。

然而,如果我们把上述对象作为物来思考,在思考之际经验它们,那么,它们就不是把我们指向我们的视角和表象,而不如说,它们暗示着一个世界,它们由之而来成其所是的一个世界。举例说来,当塞尚一遍一遍地画着圣维克多山[①],画作中这座山越来越质朴、越来越雄伟地在场,这并只是由于——并不首先由于——塞尚的绘画技巧越来越高超,而是由于这个"主题"越来越质朴地运动,也即言说,而艺术家能够越来越纯粹地倾听这一呼求,以至于他的笔触和着色都为这一呼求所引导。这位画家画的是他所倾听到的,那就是物之本质的允诺。[②] 一切艺术(不只是诗歌)都活动于一个领域中,这个领域作为语言而说话,它所要求的不同于对对象的反思和对对象的表象。然而,只要思想被经验为表象(这种表象把在场者摆置到自身面前并且向着自身摆置在场者),那么,思想就包含着与自身的返回关系,即反思。由于反思的不断展开的支配作用,存在者首先成了对象。另一方面,反思更清晰地意味着:思想中被思想者反射[③]到思想上,以及反过来,思想反射到它的被

---

① 圣维克多山(montagne St. Victoire):是塞尚家乡埃克斯附近的风景。塞尚曾围绕这一主题探索了近 20 年,留下了许多同一题材的变体画。《圣维克多山》是塞尚晚年的杰作,也是他艺术思想的集中体现。——译注

② 此处"呼求"原文为 Anspruch("要求"),"允诺"原文为 Zuspruch(日常含义为"安慰、劝说、赞许"等)。英译本把两者分别译为 claim 和 appeal。——译注

③ 此处"反射"原文为 zurückscheinen,或可按字面译为"回闪"。——译注

思想者上。思想的这种“在自身中闪耀”，在柏拉图把存在解释为ἰδέα[相、理念]时就已经有所预感，而一旦反思在前述意义上完整地、在全部可能的角度运作起来时，它才完全地对思想显露出来。
140 这事发生在主体之主体性被绝对地思考之际，也就是在思辨唯心主义中。只有当我们先行思考表象之反思特征时，“思想的基本原则”这一说法中的主语第二格和宾语第二格之间的一点点区别，才重新获得了活力，并且才显示出它真正命名的东西。

一切思想都以某种方式——哪怕是还不那么确定的方式——思考着自身，但它不是单纯的自我反映。由于它所特有的这种与自身的返回关系，思想诚然可以或高或平地绕着自己旋转，甚至画出很大的圆圈，并且在这个圆圈中转动。

经过一段纠结缠绕的漫长路途之后，西方－欧洲思想终于自觉地进入到了一个由它自身及其反思特征所塑造的光圈之中。这个光明维度就是思辨辩证法，它以康德为先驱，在费希特、谢林以及黑格尔的思想中展开为一个体系。倘若我们把这里有待思索的体系仅仅看作一个关于现实而设计出来的概念之网，那就还是一种误解。这个体系作为“思想”(Gedanke)就是存在本身，它把一切存在者释放于自身之中，并因此勾勒出如今作为技术世界之本质显露出来的东西的预备形式。

被卡尔·马克思的形而上学所烙印的世界可能成为一个——我说一个，而不是这个或者这个真正的——把握现代世界之整体的切入点，究其根本在于实事之本质中。因为卡尔·马克思的形而上学比人们所认为的更确凿地依赖于黑格尔形而上学的思辨唯心主义，这种依赖关系具有最确凿的依赖形式，也即单纯对立面的依赖。这一点表现在，马克思主义的形而上学依然是辩证法，而且必须是辩证法。无论此处还是彼处，辩证法及其体系都不是臆想出来的概念外壳，而是生活和现实；对于思辨思想家费希特、谢林 141
和黑格尔的两位诗人朋友荷尔德林和诺瓦利斯来说，辩证法也是生活和现实——虽然是以一种完全不同的方式。这两位诗人在各自的“夜歌”中看到了那种黑暗的光，绝对逻辑的理性光明在其中得到扬弃，但同时被预设和证明。

思想的反思特征与思想向辩证法的展开是共属一体的。两者及其共属一体性的根源在于，西方思想在其早先时代就已经被打上了一个烙印，由此使得广义上的论证和计算获得了优先地位。

对我们的历史意识来说，思辨唯心主义的辩证法容易呈现为一种绝对地设定自己的理性的产物。人们蛮可以声称这种辩证法在神学上是不可信的。人们也可以根据基尔凯郭尔的判断，怀疑思辨唯心主义乃是更高级的欺诈，但有一点依然保持下来，即：思辨唯心主义贯通和支配着今天的世界现实，无论明显地还是隐蔽地，无论被掌握还是被滥用，无论僵化还是新意迭出。在“思想的基本原则”之第二格的一种无害的双义性背后，隐藏着反思的－辩证的思想之强力，这种思想作为欧洲的原产物此间正在以多种形态在全球扩散开来。

借此我们便引向“思想的基本原则”这一说法的多义性的第二个形式。这指的是这个关于思想的说法中的歧义性。现在它变得明确了，虽然是在对所道说的东西的回顾中变得明确的。无论哪里都没有“思想”（das Denken）。每一种思想都有其命运性的印记。所以，“思想的基本原则”只可能意指那种思想，即我们早已被

发送入其中的那种思想。[①] 顺便说一句，相信存在着某种普世思
142 想，以为它只从表面上看是放之四海而皆准、横亘古今而不变的，这样一种信念乃是虚无主义之崛起及其不为人所察知的在所有世界区域的坚韧穿透力的缘由之一。

一旦我们投身于对思想的基本原则的沉思，我们就会看到自己不得不首先来经验一番我们的思想的本质来源，方能特别地存在于我们作为思想生物早就已经置身其中的所在。曾多次提及的路标已经向我们指明了通向这种经验的道路。在此路标上，我们读到"逻辑学"这个名称，它表明思想是作为λόγος[逻各斯]而得到规定的。诚然，只要我们未能够显明，思想的主要特征何以并且以何种方式能够在λόγος[逻各斯]中找到，那么，上面这种提示本身就还停留在不确定状态中。因为这样一种情形既不能被视为不言自明的，也不能被看作自然而然的。这是一种命运，它以各个不同的方式不仅决定了中世纪的经院哲学，而且也决定了近代的科学，最后还有今天的技术世界。这种命运本身包含着这样一个问题：逻辑学是否最终地，也即合法地具有对思想的统治权，或者说，思想是不是还根本没有——如其所应得的那样——置身于λόγος[逻各斯]及其尚待展开的本质的羽翼之下？

我们来限制一下，在此只考虑下面这个问题：在何种意义上从λόγος[逻各斯]角度被规定的思想与我们所谓的"思想的基本原则"是相关的？显然，只有当我们的思想在字面意义上具有原则

① 此处上下文中"命运性的"(geschickhaft)与"被发送"(geschickt)来自同一个动词"发送、派遣"(schicken)。——译注

性，也就是说，只有当λόγος[逻各斯]本身具有基本原则的特征时，上述联系才是可能的和必要的。在何种程度上是这种情形呢？对这个问题的解答，我们只能做少许几点提示。名词λόγος[逻各斯]的动词形式是λέγειν[说、说话]，指的是收集、聚拢意义上的采集。亚里士多德把逻辑学的λόγος[逻各斯]称为λόγος ἀποφαντικός[1]，就是这样一种聚拢：它能够透过被聚拢者——道路是遥远的——让已然一起呈放者——遥远的道路本身——显现出来。亚 143
里士多德也把思想的这种基本形式直接命名为ἀπόφανσις[显示]。这个词的命名力是不可译的；它意味着：使呈放者从其自身而来得以闪现出来。如若我们把ἀπόφανσις一词翻译成“阐－明”(Dar-legung)，那么，我们虽然强调了“让呈放”，但却失去了其特有的希腊意义，即“使闪现”。

如果我们注意关于柏拉图的ἰδέα[相、理念]所做的评论，这个ἰδέα[相、理念]规定着在场者之在场，亦即作为外观和注视的存在[2]，那么，作为存在与思想的ἰδέα[相、理念]与ἀπόφανσις[显示]之间的合乎实情的交互联系就会进入我们的视野——只要我们关于哲学的纯然历史学上的知识没有变得太过呆笨，以至于还看不到这一简单得惊人的事实，并且完全记不住它的面貌。

逻辑学之λόγος[逻各斯]的承荷一切的特征，ἀπόφανσις[显示]，即解蔽着的使显现，很快就消失不见了，并且是为了原始地理

---

① 此处λόγος ἀποφαντικός表示“述谓逻辑”，但其字面意思是“显示的逻各斯”。海德格尔在这里强调的是字面意思。——译注

② 此处“外观”(Aussehen)和“注视”(Ansehen)都以“观看、视”(sehen)为词根，而希腊文的ἰδέα[相、理念]也是以“观看”(ἰδεῖν)为词根的。——译注

藏在ἀπόφανσις[显示]中的λόγος[逻各斯]的其他结构形式——这是在西方思想的本质历史中发生的最稀奇古怪的事了。亚里士多德把λόγος[逻各斯]界定为λέγειν τι κατά τινος[根据某种东西说某种东西]①,从而简明扼要地揭示了上述事实。按字面来翻译,λέγειν τι κατά τινος意味着:向着某物的方向阐明某物,就是说,向着这种阐明(das Darlegen)转向在场者之际所关乎的东西。这个所关乎的东西乃是阐明的基础,而且就呈放在阐明面前。用我们的例子来讲:遥远的道路是眼前呈放者,是在λόγος ἀποφαντικός[显示的逻各斯]"道路是遥远的"中被阐明的东西。"遥远"一词并不像我们在陈述的语言形式中试图说明的那样附加于"道路"上,而是被特别地与遥远的道路并列在一起,由此,道路才把自己显示为呈放出来的东西。道路作为遥远的道路而达乎显露。

144 表面看来,仿佛我们在谈论平凡琐碎之事;其实不然,我们是在谈论简单质朴之事,其重要性几乎不可估量。我们必须不断重新指出平凡流俗之事与令人诧异的简单质朴之事之间的区别,由此击中我们思想中的一种困境,它使得我们的思想无法合乎实事地进入自由之境。今天,在一定程度上,人们已经习惯于,仅仅在那些最暴力的机器和错综复杂的器械制造出有用东西的地方,只还把这些成果视为重要发明,与之相反,洞察简单事态的质朴眼光则被看作一无所有。这是值得注意的;但这种奇特现象却是人类意见的古老习惯,它常常赋予由自己完成的制作物更多的价值,甚

① 参看亚里士多德:《分析前篇》(*Analytica Priora*),Ⅰ,1;24 a 16 sq.——原注

于一声呼-唤(An-ruf)或者一道目-光(An-blick)所赠予的东西。所以,对于这一默然发生的事件,即在对逻辑学之λόγος[逻各斯]、即思想之λόγος[逻各斯]做出规定之时,其承荷一切的特征旋即隐匿了,我们也难以赋予其恰切的意义。因为,如果早先发生的事,即ἀπόφανσις[显示]特征,也就是"思想即让显现"这一特征,进入被遗忘状态而消失了,那么,上面提及的λόγος[逻各斯]的结构形式即λέγειν τι κατά τινος[根据某种东西说某种东西]就显突出来了;后者随后摆脱了阐明特征,自为地被表象为关系了。这样一来,我们就发现自己置身于长期传承下来的关于逻辑学之λόγος[逻各斯]的观念中了:它是主词"道路"与谓词"遥远"之间的联系。关于λόγος[逻各斯]的这一观念甚至是正确的;它的正确性处处都可以通过语法的考察而得到证明。

初眼看来,上面提及的事态就像是博学的历史学的论题,叙述的是逻辑学的历史。但实际上,毫不夸张地说,随着λόγος[逻各斯]的ἀπόφανσις[显示]特征毫不显眼地退隐和消失,某种可怕的事情发生了。发生了什么事情呢?是思想作为计算、论证和推理的展开过程的轨道得以开放了。现代技术世界同样也基于这一 145
点;只要我们还没有投身于一种沉思,思考把思想打上λόγος[逻各斯]的烙印意味着什么,在ἀπόφανσις[显示]特征之消失中蕴藏着什么,那我们就决不能彻底地思考现代技术世界的本质。如此这般被烙印的λόγος[逻各斯]成了现代技术世界的命运,这只是一个方面。另一方面,在ἀπόφανσις[显示]特征的隐匿中所埋下的伏笔,还在更本质性的意义上与我们相关涉。只有当我们更明确和更深远地回溯"思想乃从λόγος[逻各斯]出发获得规定"这一路标时，我们才能沉思上面这一点；因为ἀπόφανσις[显示]特征的隐匿有着什么样的后果，这还不是我们现在能处理的问题。而毋宁说，我们感到自己被召唤入这样一个问题中，即：原初地自行显示的λόγος[逻各斯]之本质的这样一种消失真正地是什么，在此时此地依然是什么。

在处理这一问题时，我们走了一条也许有些迂回的道路，因为我们探讨了"思想的基本原则"这一说法的多义性。这种多义性的第二种样式，即关于"这种"思想的说法的歧义性，在此期间已经集中为一种清晰性了。

"这种"思想——这是指我们西方的从λόγος[逻各斯]出发获得规定，并且依之而得到校准的思想。这绝不是说，古代印度、中国和日本的世界都是无思想的。而毋宁说，指出西方思想的λόγος[逻各斯]特征，包含着对我们自己的一道指令，即：如若我们胆敢接触这些异己的世界，我们首先要问问自己，究竟是否拥有倾听这些世界之所思的耳力。这个问题变得越发棘手了，因为欧洲思想即使在那里也面临全球化，甚至今天的印度人、中国人和日本人在许多情形下都倾向于只以我们欧洲的思想方式向我们传达他们的经验。这样一来，来自他们那里的一切与来自我们这里的一切全都搅在一起，成了一锅大杂烩，从中再也无法分辨出，古印度人是
146 不是英国经验主义者，以及老子是不是一个康德主义者。如果两方面起决定作用的都是一种本体缺失状态(Substanzlosigkeit)，那么，在哪里以及如何才可能有一种令人警醒的、召唤两者回到各自本质之中的对话呢？

然而，只有我们已经澄清"这种"思想在何种程度上不仅依赖

于基本原则，而且同时从它本身而来受到指引，专门去关注和了解这些基本原则本身，对它们进行沉思，这时候，我们现在所考量的关于“这种”思想的说法的清晰性才会变得完全。“沉思”(meditare)就是我们德语外来词“医药”(Medizin)的词干；medear 的意思就是：了解和关注某物、加以有益的关照。希腊思想家最古老的箴言之一，是佩里安德的一个箴言：μελέτα τὸ πᾶν[①]：要关照存在者整体：思考存在！

思想遵守基本原则，专门思考基本原则，因为λόγος[逻各斯]的简单构造已经具有了基本－原则的特征。只有当我们以希腊方式思考“基本－原则”一词，也就是说，从作为λόγος ἀποφαντικός[显示的逻各斯]的λόγος[逻各斯]的尚未受损害的本质出发来思考“基本－原则”一词，上述断言才不会显得突兀。

原则[②]在希腊语中叫θέσις[设、置]。我们可以从思辨唯心主义的语言中来了解这个词，思辨唯心主义的辩证法可以从正题、反题、合题的角度来标识。[③] 但在这里，论题(Thesis)一词，即命题(Satz)，具有自发性、行为、行动的意义。想想费希特吧，他说：“自我设定非我”[④]。而在古希腊文的θέσις[设、置]中起支配作用的则

---

① 海尔曼·第尔斯：《前苏格拉底思想家残篇》，希腊语和德语，第五版，瓦尔特·克兰茨编，柏林，1934 年，第 65 页（七贤；佩里安德），残篇 10(73a)。——原注

② 此处“原则”(Satz)也可译为“定律”；Satz 也有“命题、句子”之义。——译注

③ 这里正反合三个“论题”(Thesis)都来自古希腊语的 thesis。海德格尔回溯“基本原则”的词源，以此将“论题”(Thesis)和“设定”(setzen)联系起来，将它们等同于“原则”(Satz)。——译注

④ 参见费希特：《全部知识学的基础》(*Grundlage der gesamten Wissenschaftslehre*)(1794 年)，《全集》，I. H. 费希特编，第一卷，柏林 1845 年，第 103 页。——原注

是别的东西。θέσις[设、置]意味着:让呈放:眼前呈放者。[①] 这种"让"诚然不是单纯的被动性,而毋宁说是一种行为,而且是比在现代的论题、设定概念中所能思考和完成的东西更为源始和更高的行为样式。

147 在后来的思想史中,λόγος ἀποφαντικός[显示的逻各斯]经常被规定为简单命题,但这种简单命题更多地是在语法上从述谓的角度被把握的,也即被把握为命题主词与命题谓词之间的交织和联结。所有这些在柏拉图和亚里士多德那里就已经得到了酝酿,对此我们这里不拟讨论,现在要紧的是,从希腊意义上的θέσις[设、置]出发,把简单命题标识为基本原则。Λόγος ἀποφαντικός[显示的逻各斯]就是聚集着的阐明。它是作为"让呈放"的θέσις[设、置],也就是那种已经呈放出来、因而构成阐明之基础的东西。在这里,基础/根据(Grund)的意思就如同基地(Boden)。我们也说"土地"、"海底"。[②] 农民就知道自己田地里的劣地,就是那种长不好庄稼的土地。在我们的例子中,"遥远的道路"就是眼前呈放者,是"道路是遥远的"这个命题使之呈放、并且由此使之显现出来的基地和基础。根基在这里的意思就如同:当下在场者。每一个让在场者呈放的简单命题,都是我们眼下所解说的意义上的基本-原则。

但是,有些基本原则是以一种别具一格的方式被命名为基本

---

① 海德格尔在此把希腊文的θέσις[设、置]的意义解为"让呈放"(Vorliegen lassen)和"眼前呈放者"(das Vorliegende)。——译注

② 此处"土地"(Erdboden)和"海底"(Meeresboden)都以"基地"(Boden)为组成部分。——译注

原则的，并且这恰恰是因为它们并非像“道路是遥远的”或者“天是蓝的”这样任意的简单命题——这又是什么情况呢？根据我们上面所述，在何种意义上同一律和根据律还能被叫做基本原则？它们与通常的命题之间是何种关系呢？传统所谓的基本原则显然关涉到每个命题之为命题，同时也关涉到一个通常命题所设定的东西，即作为基础的东西和呈放的东西。然而，同一律所设定的东西，即同一性，却不像路、山、树、溪之类的东西那样呈放在眼前。同一性不是什么在场者，不是这种意义上的基础和基地。但每个在场者作为这样一个在场者，也即在在场本身中，都是与它自身同一的。同一性属于在场本身；我们决不能把它发现为其他在场者
中间的某个东西。不过，若在场本身并非什么在场者，则这种在场 148
还能像在场者那样被叫做“基础”吗？它不仅能够这样被叫，甚至必须这样被叫，而且长期以来就是这样被叫的；因为什么东西向来是一个在场者，它就不会建基于在场之中。倘若在所有基础和地基中起支配作用的并不是那种建基，那种与每一个恰恰在其呈放中的呈放者、每一个在其在场中的在场者相关的建基，那么，所有的基础和地基会是什么呢？如果我们有一天能够按照它在古希腊的世界经验中产生出来的整个丰富性和广度来思考“在场”一词所命名的东西，那么——也只有在这时候——我们才可以不说在场(Anwesen)，而说：**存在**(*Sein*)。要不然，也就是说，若没有从古希腊世界出发大胆、完全而深入地思考和追忆存在之命运，那么，“存在”一词就还是一种空洞的声响，一颗干瘪的果实，或者是表示一种混乱观念的名称。

那些首先如此这般被命名的基本原则关乎存在者之存在。但

自古以来，存在本身就一直或多或少明确而清晰地被思为基础。在此获得揭示的是，“基础/根据”（Grund）一词本身是有歧义的，因为一方面，它指的是作为在场着的基地和基础的呈放者，而另一方面，它并非意指是任何在场者，而是意指在场本身。基本原则就是关于存在者之存在的原则。而这些基本原则也可被称为思想的基本原则，而且是那种从λόγος ἀποφαντικός[显示的逻各斯]角度得到规定的思想的基本原则。我们追随路标，终于达到了关于“思想的基本原则”这一说法的明晰性。但同时，这种明晰性也使我们置身于那些推动整个西方思想的问题的相互对立之中——而这恰恰是因为，西方思想是从λόγος[逻各斯]角度得到规定的。这些问题是：思想的基本原则之所以有效，是由于它们是关于作为存在者之基础的存在的原则吗？抑或它们之所以是关于作为存在者之基础的存在的原则，是因为作为思想的规律，它们首先设定在其呈放中的呈放者，在其在场中的在场者，因而首先创建了存在？抑或思想的基本原则同时也是存在的基本原则么？这里的“同时”
149 究竟意味着什么？这两者的基本原则是和谐一致的还是相互排斥的？抑或如此定向的关于思想之基本原则的追问甚至尚未达到实事的核心？何种实事呀？就是西方思想的实事，本身有争议的实事。争议就在于思想与存在之间何者具有优先性，争议在于两者之间一方是否以及如何胜过另一方，或者两者是不是根本上就具有相同的地位。思想还没有投身于这种可能性。假如思想与存在可以具有相同的地位，那么，做一番调解，而且是通过一个比这两者更高或者更低的第三方，然后保持为先于这两者的优先者——这样就足够了吗？假如存在与思想之间的优先权之争一直不得平息，那么上面这一点或许就是值得思考的。但即使这时候，如果思想与存在之间的这种争执是一种更本质性的争执，可以说是一种原争执，恰恰这时候，我们的思想就必定会去寻找一条道路，一条使我们首先得以经验和认识这种原争执本身的道路。

实际上我们已经在这条道上了。是那个路标把我们带到这条道上的；这个路标显示：逻辑学是关于思想的学说，因为思想被规定为λόγος[逻各斯]。不过，我们要在这条如此被指明的道路上继续前进，并且追问：何以会产生出这样一种情况，即思想的基本特征是在λόγος[逻各斯]中被发现的？

思想让在场者进入其在场之中而显现出来，思想遵守于在场，遵守于存在者之存在，遵守于基础。那么基础呢？在西方思想的早期，也就是在赫拉克利特那里，存在揭示自身为Λόγος[逻各斯]。关于这一点，我在别处已有进一步的揭示。

在赫拉克利特的思想中，Λόγος[逻各斯]一词就同时既是表示存在的名称也是表示思想的名称。Λόγος[逻各斯]是唯一的一个同时用来表示存在和思想的词语；Λόγος[逻各斯]命名的是处于交互关联中的存在与思想，因而是一个表示两者之原争执的词语。如果我们从这样一个视角出发，赋予“逻辑学”一词以恰适的 150
意义，那么，它就不再是学院哲学的一个专业的名称了。这时候，逻辑学命名的是思想与存在总是在其中爆发原争执的场所。“逻辑学”便赢得了一个响亮的名声。如果我们这样来倾听，我们才会注意到，西方形而上学的顶峰——即黑格尔的《逻辑学》——被冠以此名，不可能是偶然的情况。

现在我们突然发现，我们所选择的路标具有比我们起先的猜测更加深远一些的指示能力。因为我们最初只是在寻找一条引线，能让我们简明扼要地说出“思想的基本原则”这个短语中关于“这种”思想的说法意指什么。而在此期间出现了另外的东西，可以说成是：思想绝不是只是由于遵循思想法则才变成“逻辑的”，而不如说，之所以存在着这些作为基本原则的规律，是由于思想根本上就是“逻辑的”，也即是设定基础的，因而被指引到基础上，也就是被指引到作为存在者之存在的Λόγος[逻各斯]那里。

尽管我们只是粗略地审视了这些联系，但我们必须认识到，关于思想的基本原则的沉思是在哪里进行的——在Λόγος[逻各斯]的领地里。这种沉思贯穿了西方思想史的各个时期，直到它能够为自己备好它应有的活动空间。有必要请大家注意这一点，以便我们不至于过于轻松地看待在同一律中所尝试的过渡，即从一种对基本原则的沉思过渡到对它们所设定的东西的探讨。在我们现在已经踏上的道路上，这种过渡——如果它还能这样叫的话——已经得到了指明，因为我们举出了在关于“思想的基本原则”这一说法中所包含的第三种多义性。不过，这第三种“意义转换”的讲法就已经是要说明，对于现在所谓的原则、基础和思想，我们要有不同的经验：作为跳跃的原则，作为深渊的基础，也即思想之深渊，这种思想根据它要跃向的地方而获得不同的规定。

151 我们只能在跳跃中经验跳跃，而不是通过关于跳跃的陈述来经验跳跃。不过，这种陈述能够为跳跃做好准备——如果它们言说使跳跃得以起跳的东西，言说跳跃为了进入自由之境而得以维系的所在。

起跳的领域是由传统提供出来的。虽然我们早就已经并且以变化的形式发现了一种关于基本原则的沉思的痕迹。但只是随着近代哲学的肇始，这种沉思才明确地上了路，并且进入一个更可靠的轨道上了——即使这里起初也不免犹豫，但却意义重大。

只是通过莱布尼茨，这种关于基本原则的沉思才达到了一个——在此我们不得不说——原则性的基地，而康德和思辨唯心主义关于基本原则的学说就是从这个基地上发展起来的。这里不可能做详细的阐述了，我只想引用莱布尼茨的一个前言，是他为自己的一篇约三页长的无标题小文章写的（盖尔哈特版《哲学文集》，第7卷，第299—301页）[①]。这个前言如下：Cum animadverterem plerosque omnes de principiis meditantes aliorum potius exempla quam rerum naturam sequi, et praejudicia etiam cum id maxime profitentur, non satis evitare, de meo tentandum aliquid altiusque ordiendum puravi。"当我注意到，绝大多数沉思原则的人们，很快就会取他人的观念为模板，而不是遵循事物的本性，并且充分地避免（这方面）的偏见——尽管他们高调地声称这一点——，这时候我就决定，从我自己出发做某种尝试，并且采取一个更高的和更根本的起点。"

这里说的是 meditare de principiis［关于原则的沉思］的起点。Principium［原则］，即 id quod primum capit——就是捕捉和确定那个首要的东西并因而把它持于面前，它是它物的出发点，因为它物依据和植根于其中。原则（Principien）就是对首要基础的 152

① 莱布尼兹：《哲学著作》（*Die philosophischen Schriften*），盖尔哈特（C. J. Gerhardt）编，第7卷，柏林，1890年。——原注

把握。莱布尼茨想要思考并且在沉思的秩序中加以提升的，就是这些首要基础，它们的本性。这就是说：莱布尼茨抓住了一种秩序，在这种秩序中，存在与思想以及这里那里出现的两者的原则，得以相互关联在一起了。莱布尼茨力求为这种秩序找到一种更深入的论证，——出于存在（即 esse[①]）和思想的本质，也即出于真实的命题、veritates［真理］。

这就是说：当莱布尼茨思考基本原则时，他还停留在由形而上学和逻辑学之本质预先勾勒出来的可能步骤的顺序和秩序之中。对莱布尼茨以及后来的思想家而言，关于基本原则的沉思始终具有这样一种特性，即它未能为他们提供任何动力和动因，后者或许能指引他们跳离传统领域。但在今天存在与思想的情势中，凡是需要一种跳离的地方，都决不能否定传统。这种跳离甚至以自己的方式使传统更开放，并且因此使传统更有言说能力，回归到其渊源之中。这一点向我们昭示出来，因为思想之跳跃所达到的那个领域，虽然从它所跳离的传统来看乃是思想的离基－深渊（Abgrund），但它本身却是西方命运之最早开端本身所指示的东西——假如我们有幸更原初地经验这些最早开端的话。这样一来，我们就只好循着路标再回行一程，直到它把我们引向一个岔路口。

---

① 此处 esse 为拉丁文的“存在”。——译注

5、演讲五

153

这一系列演讲的沉思是要走上一条道路，让我们探讨“思想的基本原则”这一短语。我们的沉思意在指明思想的基本原则所通达的那个地方[①]——只要我们这样来倾听这个短语，即它说的是：思想向离基深渊的跳跃[②]，即跃入思想的离基深渊。事关宗旨的是要知道，什么叫：思想。[③]

正如路标所显示的那样，思想是我们的思想，一种归功于传统的思想。有关这种思想是什么，自古以来都是通过λόγος[逻各斯]来规定的。如此这般被规定的思想如何具有一种与离基－深渊（Ab-Grund）的本质联系呢？答案是：因为思想具有论证[④]之特征。这个答案听起来是荒谬的。

---

① 此处“地方”（Ortschaft）与前一句中的动词“探讨”（erörtern）具有相同词根。海德格尔借此把 erörtern 解释为“指出……的地点、定位”。——译注

② 关于下文第 159—160 页的“跳跃”（Sprung），参看《同一与差异》之注释——“命题/原则”（Satz）与“跳跃”（Sprung）。闯入、侵入（Einbrechen）——转投（Einkehr）。——原注

③ ［根据第二份手稿的补充，文章有出入之处：］……，什么叫：思想。我们已经有了指向答案的路标。即“逻辑”这一标题作为思想之学说的名称。正如路标所示……——原注

④ 此处“论证”（Begründen）与“离基深渊”（Abgrund）的词根都是“基础/根据”（Grund）。——译注

以希腊方式来思，论证意味着：λόγον διδόναι，即给出λόγος［逻各斯］，给出基础/根据，不只是说明，而是阐明，是提供和交付基础/根据：让基础、根基、地基呈放出来。因此，作为论证的思想就清晰地与基础/根据相关联，与离基－深渊完全无关[1]。离基－深渊是思想要竭力避免的；因为离基－深渊会使思想丧失自己的本质，也就是丧失掉这样一种可能性，即它还能找到一个基础/根
154 据，唯有建基于后者之上，它本身才可能成为一种论证，对某物进行论证。[2] 人们都愿意持此看法。

可是，或许终于到时候了，我们要来追问一下：只要思想无论在哪里都只与基础/根据相联系，那么，思想究竟是否向来能够获得它的λόγος［逻各斯］式的本质，即论证呢？只要此事发生了，则思想虽然以自己的本质即论证为尺度，但这尺度本身以及标准却是思想所不能思考的。如果思想要思考与基础/根据的关联以及基础/根据本身，那么思想就不能又坚守于某个基础/根据，进而思想就不能要求成为一种论证。所以，思想必须特别地进入离基－深渊之中，才可能把基础/根据的本质领域以及与基础/根据的关系释放出来。如果我们更仔细地注意这一点，那么，所谓“思想作为论证具有一种与离基－深渊的本质性联系”这句话就不那么荒谬了。

在离基－深渊那里，思想再也找不到任何基础。思想跌入再

[1] “离基－深渊”原文为 Ab-Grund，字面义为“去掉－基础”。在日常德语中，Abgrund 意为“深渊”。故我们把 Ab-Grund 试译为“离基－深渊”。——译注

[2] ［根据第二份手稿的补充，文章有出入之处：］……也就是说，丧失了找到某个可以在其上为他物建基的东西的可能，即论证的可能。——原注

也没有任何承荷者的无根基之物中。然而思想必须被承荷吗？显然如此，因为思想并不是一种自主的、囿于自身之中的行为，也不是什么自动播放的音乐盒。思想从来就是指向有待思想者的，是被有待思想者所召唤的。

然则，无论在何种情形中，承荷者都必须具有一个载体的特征，一个被形而上学表象为实体或者主体的载体的特征吗？[①] 绝非如此。诸如思想这样的东西也通过悬浮的方式而被承荷。诚然，思想究竟如何能够悬浮，思想从何处得到这种悬浮，要规定(be-stimmen)这一点，就需要一种特有的经验和沉思。两者是如此独特，以至于它们也许只能从本有(Ereignis)中成长起来。[②]

只要有待思想的东西是在基础/根据之特征中与我们相关涉，那么，基于对思想来说必需的应合，思想就是论证。何以长期以来 155
并且普遍地，基础/根据都为每一种思想及其做法给出尺度？

路标已经为我们指明了我们可能获得这一问题的答案的方向。在希腊思想的早期时代，那种让呈放者呈放、让在场者在场、让存在者存在的东西被规定为Λόγος[逻各斯]。这是赫拉克利特的说法。我们必须径直承认这一点，诚然不是把它当作一种权威的权力要求，而是把它当作我们的思想总是必须一再回忆和检验的一个词语。什么叫“检验”？因为我们不理会流俗的看法，当存在者之存在被规定为Λόγος[逻各斯]时，即使在今天听起来也还是令人震惊的。不过，这种规定，即作为Λόγος[逻各斯]的存在，

---

① “承荷”是“保藏－居有”(Gewähren-Eignen)意义上的。——原注

② 此句中的“独特”(eigenartig)与“本有”(Ereignis)有相同的词根 eigen。——译注

同时也极为接近于巴门尼德在存在中获取的那种存在经验——他把存在思为Ἕν[一],那种简单地起统一作用的唯一的统一性。①

基于一种毫不起眼的和谐,这种把一与一切统一起来的东西②与作为"一是一切"(Ἓν Πάντα)意义上的聚集的Λόγος[逻各斯],是归属于同一者的。这个同一者乃是首要者(das Erste),它使存在者之为存在者向来是一个存在者(存在?在场状态)。Ἕν[一]与Λόγος[逻各斯],这两者依然以一种全新的明确性,从辩证中介的统一性出发来言说;而作为这种统一性,存在为一切存在者建基而构成一切存在者的条件,而且作为这种无条件者乃是绝对者本身的体系。这个"从何而来的首要者",τὸ πρῶτον ὅθεν,被叫做ἀρχή[始基、本原、原则]——作为Λόγος[逻各斯],它是有所建基的基础。无论赫拉克里特还是其他哪个大思想家,他们所言说的并不是什么耸人听闻之事,而是不可穷尽的同一者之简单性。因此之故,只有当我们不再有关于耸人听闻之事的趣味时,我们对思想来说才成熟了。

存在者之存在在Λόγος[逻各斯]即基础/根据之特征中才照亮自身。因此,像同一律这样一个原则——它说的是:每个存在者之存在都意味着本身与它自身是同一的——才可以在别具一格的意义上被叫做"基本-原则"(Grund-Satz)。

156 如果说现在,从λόγος[逻各斯]角度被规定的思想面临着这

---

① 此处"简单地起统一作用的唯一的统一性"原文为:die einfach einigende einzige Einheit。——译注

② 此处"这种把一与一切统一起来的东西"原文为:das Eine-Alles Einende。——译注

样一项任务，即为了自身的保障而去沉思对它来说决定性的基本原则，那么，对于一种作为论证的思想，这一点只可能通过这样的方式来完成，即对于基本原则，思想也要追溯到一个第一性和最终的基础/根据那里。因此，这种被λόγος[逻各斯]所烙印、被规定为论证的思想，就根本不会遭受落入某个离基深渊之中的危险。所到之处，它只寻找它据以计算的基础/根据。今天在技术、工业、经济、政治各领域出现的巨大的计算狂热，证明了由逻辑学的λόγος[逻各斯]所占据的思想的强力，已经达到了一种近乎疯狂的形态。计算性思想的全部力量是在近代几个世纪里才积聚起来的。在近代的开端，尤其是在莱布尼茨那里，一种系统的 meditatio de principiis[关于原则的沉思]也只是刚刚萌发。

不过，以上面的评论，我们只是在历史学意义上断定了处于科学和思想事件序列中的一个事情。但如果我们历史性地来思考这种历史学上的断定，那么我们就不得不说：这种系统的 meditatio de principiis[关于原则的沉思]首先赋予形而上学以一个新形态，并且因此开启了现代历史进程。

就此事态而言，有一种流传甚广的意见往往会指出，首要地是数学的崭新地位和发展在科学研究范围内导致了对于规则、规律、方法和公理的明确思考，以及对这些东西的努力建构。我们在此或许可以举出笛卡尔的一本著作，它有一个含义丰富的标题：Regulare ad directionem ingenii，即《指导心灵的原则》①。尽管个中联系并不那么明显，但这本著作实际上就是现代技术思维同

① 通常译为：《探求真理的指导原则》。——译注

时也即数学思维的奠基之作。自古以来，西方数学一直就有建立
157 公理的传统。不过，数学之所以要思考原则，并不是因为它是数学，而是因为希腊数学在一种别具一格的意义上符合思想的λόγος［逻各斯］特征和ἀρχή［始基、本原、原则］特征。如果我们注意到这一点，则上述关于数学的作用及其对于形而上学思想的意义的判断也就再清楚不过了。我们必须追问的是：数学在近代重新成为一种决定性的思想形式，这究竟是什么原因？这绝不仅仅因为数学是一种成果卓著的方法工具，也不是因为长期以来并且一再地，尺度、数和形（成为）“解开一切造物之谜的钥匙”[①]。数学得以如此明确地进入近代形而上学之中，是因为在近代形而上学本身中已经有某种东西为之裁定了：即真理之本质向确定性(Gewißheit)的转变。这一转变把真理[②]规定为一种自知的也即为自身奠基的论证，就是基于无条件根据[③]之统一性对一切可知之物的论证。真理之本质的这一转变——我们上面所述只不过是对之做了粗略提示——并不是数学思想方式影响的结果，而毋宁说，真理的这一本质转变首先为数学打开了一个形而上学的运作空间，使得数学能够在某个特定的方向上贯通并且支配现代科学。至于它自己的公理和原则本质上是什么，数学本身是根本无法加以说明的，甚至都不可能加以追问。今天在数学及其逻辑范围内，

---

① 语出诺瓦利斯：“如果数和形不再是/解开一切造物之谜的钥匙……”，参看诺瓦利斯：《文集》第一卷，斯图加特，1960 年，第 344 页。——译注

② ［根据第二份手稿的补充，文章有出入之处：］真理自行展开为……——原注

③ 当一个根据是自身的根据，并不再需要除此之外的任何根据，那么它就是个无条件的根据。（那么，这种无条件根据的统一中，“同一性”是以何种形式体现的呢？）——原注

这个方向上的种种尝试仍然得到了采纳，并且被视为决定性的，也即被认为是原则上充分的，这一事实揭示了我们时代的真正历史性的进程。它们导致了一种愈演愈烈的在思想的基本原则及其本质渊源方面的蒙昧无知，因为它们把思想的λόγος[逻各斯]特征 158 及其现代的数学化形态视为无条件的和唯一决定性的。

对于今天全速进行的一种转换的决定性冲击，与 meditatio de principiis[关于原则的沉思]一样，同样来自莱布尼茨的思想。作为这转换的结果，逻辑学作为数理逻辑和逻辑斯谛（Logistik）从根本上参与了对现代技术世界的控制。让我们在此作一简短的说明：路标不仅往后指示着思想的λόγος[逻各斯]起源，而且也往前指示着计算性思维的最极端的构成及其统治地位的不断巩固。

这个路标冠有“逻辑学”之名称。它指引我们走上一条道路，让我们认识到：思想是由λόγος[逻各斯]来规定的。进一步，这个路标还指明：现在，逻辑学已揭示自身为关于Λόγος[逻各斯]的沉思的名称，已揭示自身为思想与存在之间的原初争执的场所。正如进一步提到的那样，这个路标还在进一步指引之际要把我们引向一个十字路口。

在这个十字路口，我们关于思想之本质来源的沉思已经踏上的那条道路与另一条路交错了。越野（Querfeldein）意味着：从田野中间穿过。在我们迄今走过的道路上，另一条路从中间横插过来。如果我们一直不懈地跟随着前面的探讨进程留下的第一个标识，我们就一定已经注意到，与此类似的东西与我们的道路相遭遇了。

起先我们说过，首要的任务是廓清“思想的基本原则”这一表述的多义性。我们列举了这种多义性的三个样式：1、第二格的双义性；2、关于“这种”思想的说法的歧义性；3、意义的转换。

我们不难看出：严格说来，上面第三点也还不是一种多义性，
159 而是某种全然不同的东西，它切中了“思想的基本原则”这个表述的整体，可以说与前面指出的双义性和歧义性相交叉。因为依照意义的转换，“原则”不再意味着λόγος ἀποφαντικός[显示的逻各斯]意义上的共置，而倒是意味着跳跃。完全别扭地但却必然地，“基础/根据”（Grund）被理解为离基－深渊（Ab-Grund），因为，基础/根据的本质本身不再可能是基础/根据了，而必定是这样一个东西，即关于“基础/根据”的规定要远离的东西。基本－原则现在意味着：跳跃入离基深渊之中，而且是思想之跳跃，也就是跃入思想之离基深渊中。思想跳离基础/根据，亦即跳离长期以来被尊为唯一标准的论证特征，跳离作为存在的基础/根据，后者对于一切论证－计算性的存在者之表象来说都还是有待思想的东西，从而总也是已经预先被思考的东西。思想跳离思想与存在①，跳离那个以λόγος[逻各斯]为依据、引发两者之间的原初争执的规定，赫拉克利特已经用Λόγος[逻各斯]这个独一词语来命名这种原初争执，这个Λόγος[逻各斯]作为Ἓν Πάντα[一是一切]也被叫做Ἔρις[斗争]，即：争执。在起跳中，思想并未把这种原初争论置于不顾，而是可以说带着这种原初争执，为的是开－端性地经验思想与存在的共属的质朴性。据此，思想便开始展望，在跳跃中是否以及如何开启出一个领域，自身性（Selbigkeit）本身就在其中成

① 此话似有问题，但原文如此。——译注

其本质。

因此，由于思想跃入离基深渊之中，思想虽然以某种方式摈弃了λόγος[逻各斯]特征，但思想并没有遗忘一点，即它从来都是由Λόγος[逻各斯]来规定的。因为其实我们已经说过，从λόγος[逻各斯]而来显示着来源的路标还继续指引我们，超出原争执之外，把我们带回到一个十字路口。在这里，前面道路上的行进停滞了，由此，Λόγος[逻各斯]才完全地被收入眼帘，也就是说，从其本质来源的整体而来被收入眼帘——只要这种行进必得保持在十字路口。

实际情形就是如此。是什么在——可以说——阻挠呢？是这样一回事：λόγος[逻各斯]原始地[①]既不是表示思想的词语，也根 160
本不是表示存在的词语。而毋宁说，在早期希腊时代，λόγος[逻各斯]乃是表示"话"(Rede)的词语，其动词形式λέγειν[说、说话]是表示说话(reden)的词语。鉴于这个拦在路上的λόγος[逻各斯]，我们要问：这个"话"(Rede)意味着什么？希腊人在何处看到了"话"的主要特征，以至于他们把话理解为λέγειν[说、说话]？因为从早期时代起，λέγειν[说、说话]都同样无可争辩地意味着：聚集、聚拢、让采集来的东西呈放出来、带到面前来。虽然语文学家固执地主张：λόγος[逻各斯]"本来"就意指"话"。但这个断言只对了一半。对我们来说，"话"和说话习惯上属于那个作为语言和言说而为人所知的领域。这样我们就把话归结于语言了，好像我

① [根据第二份手稿的补充，文章有出入之处：]原初地(而不是：原始地)。——原注

们知道语言意味着什么，语言的本质依据于何处。但我们却远离于这种知道。因此我们对“语言”（Sprache）一词的使用是大可斟酌的。因为很有可能，“话”和说话，相应地就是λόγος［逻各斯］和λέγειν［说、说话］，从来就不是从言说和语言角度来获得规定的。实际情形正是如此。我们自己的语言——我们几乎不再知道它的珍宝——就已经清楚地证明，“话”真正说来并不意味着被我们当作语言来表象的东西。在中古高地德语中，甚至更早些时候，“话”还十分清晰地表示：使某人去讲话，要求对某物做出解释，也就是要求打听某物的情况，使之端出在眼前呈放的东西。

“话”和说话并不意指表达之宣布意义上的言说和语言①；“话”的意思恰恰就是从前所谓的λέγειν［说、说话］、λόγος［逻各斯］：带出来，在聚集之际使之显露出来。表明“话”与λόγος［逻各斯］具有这一意义的最佳证据，同时也是传统为我们准备好的最古
161 老的证据。它②可见于荷马所著《奥德赛》的第一卷第56行。在荷马的整部著作中，λόγος［逻各斯］一词只在此处出现了一回，而且是以复数形式，连带两个形容词一道出现在一个短语中：μαλακοὶ καὶ αἱμύλιοι λόγοι，“柔和的和迷人的话”③。Αἱμύλιος的意思是迷人的、吸引人的、令人迷醉的。只有当λόγος［逻各斯］让那个向自身聚集着、吸引着的东西显现出来时，它才可能具有上述特

① 注意此处“话”（Rede）、“说话”（reden）与“言说”（sprechen）和“语言”（Sprache）的差别，在中译文极难表现。——译注

② ［根据第二份手稿的补充，文章有出入之处：］λόγος［逻各斯］一词。——原注

③ 《荷马著作集》（Homeri Opera），Scriptorum classicorum Bibliotheca Oxoniensis. Oxonii e typogarpheo clarendoniano Londini et novi eboraci apud Humphredum Milford.（无年度）。——原注

征。牵、引(ziehen)就是抽、拔(zücken)。他拔剑,就是突然引剑。这个突然引向自身的东西就是抽离者、移离者,因而是迷人者。只有当λόγος[逻各斯]按其本质让某物闪现和显现出来,在此意义上传送和令人迷醉时,它才能偶尔也具有吸引力而动人心魄,而这无非就是一种别具一格的聚集方式,即λέγειν[说、说话]的方式。因此,真正说来,而且从早期时代开始,λόγος[逻各斯]与λέγειν[说、说话]就并不意味着言说意义上的"话"和说话——那么,它们意味着什么呢?在我们的德语中,对此只有一个恰当的词语,就是:道说(sagen)。道说的一个主要特征就是聚集着的让显现。任何言说、说话和书写都是一种道说方式,但道说未必是运用语言器官意义上的言说。

Μαλακός和αἱμύλιος,"柔和的和迷人的",并不是作为言说(Sprechen)意义上的说话(Reden)的λόγος[逻各斯]的特征;它们并不涉及某种发声的东西,而是涉及作为道说(Sagen)的λόγος[逻各斯],后者让显现,并且唯因此才能迷住人和吸引人。[①]

在这个十字路口,通过洞察λόγος[逻各斯]的最古老证言,我们经验到了什么呢?可那就是:λόγος[逻各斯]作为让闪现和端呈意义上的道说而起支配作用。

道说是作为带来(zubringen)的带(bringen),它既把我们带离,又把我们带入所道说者之中。这种"带"的柔和力量贯穿并且 162
支配着道说。由此我们才能认识到,λόγος[逻各斯]在何种意义

① λόγος[逻各斯]——并不首先或者甚至仅仅意指"话"(Rede)的"语音";"话"本身始终从道说(Sagen)方式中获得其特征。——原注

上可能成为思想的规－定性特征。

思想就是[①]νοεῖν，即觉知（vernehmen）：拿到面前并且接受之，也即聚集，使在其在场中的在场者显露出来。由于λόγος［逻各斯］本质上就是道说（带），因此它也就可能清楚地显示为思想的基本形式，就是我们当作陈述、命题来了解，并且在逻辑学中当作唯一标准来承认的基本形式。然而，ἀπόφανσις［显示］意义上的命题只不过是一种道说方式，也即使在场者在其如此这般的外观中显露出来并且得到确定。

任何陈述都是一种道说。但并非任何一种道说都必然是逻辑命题意义上的陈述。因此之故，作为陈述的λόγος［逻各斯］决不能被看作一种探究道说之本质的沉思的引线。但作为我们所刻画的“带”（Bringen），道说也决不只是思想的事后追加的语言表达，而毋宁说，思想根本上就是一种道说，也许是一种原初的道说，贯穿并且支配着一切道说方式。在此我们碰到了一个决定性的暗示，即对于那种要谈论语言及其本质的尝试的暗示。当我们现在谈论语言时，我们指的就是它由道说、由原初地被经验的λόγος［逻各斯］而来被规定的本质。

作为道说的思想关系到在场者之在场，即存在。以前我们说过，语言是存在之家，这种语言当然是从其隐藏在道说之中的本质而来得到思考的。存在与思想，两者之间的原争执，在语言中安了家，而语言的本质就在λόγος［逻各斯］中回响，并且只能着眼于道说而得到思考。

① ［根据第二份手稿的补充，文章有出入之处：］（自巴门尼德以来）。——原注

希腊思想之命运的秘密之一乃在于：虽然在早期时代语言的本质作为λόγος[逻各斯]而响起，但这声响本身却并没有被觉知， 163
也没有特别地得到思考，而是很快消失掉了。相反，希腊的语言考察则开辟了另一个方向，直到今天，它都以多样变种为科学的语言研究和对语言之本质的哲学解释提供标尺。这就是从φωνή即声音与γλῶσσα即舌头（也即 lingua）角度来规定的语言观，是一种语音－语言学上的语言观。如今在英语国家占上风的元语言学的语言考察，对“元语言”的制造，无疑并不是从语言学中解放出来，而是对语言学的完美固化，就如形而上学是物理学的完美化。

根据传统的观点，语言之本质既不是从原初地被经验的λόγος[逻各斯]的角度得到思考的，λόγος[逻各斯]的本质本身也没有得到释放，而毋宁说，λόγος[逻各斯]被迫入了“逻辑学”（Logik）的狭小视域中，“逻辑学”本身为语法——作为语言学意义上的语言学说——打上了烙印。

现在我们才完整地解读了路标，并且读出了另一层意思。逻辑学不只是关于思想的学说。逻辑学不只是思想与存在之间的原争执的场所。逻辑学，现在是从作为道说的λόγος[逻各斯]角度得到思考的，而λόγος[逻各斯]则被经验为语言之本质的声响；逻辑学乃是语言与其自身本质之间的对话。[①]

思想跃入其中的那个离基深渊就是语言之本质。这个本质隐藏在道说之本质中。只要思想更原初地进入其作为道说的本质之

① 何种意义上的对话？何以是与其自身的对话（*Selbst*-Gespräch）？什么叫做：与其本质。——原注

中，同时关于“本质”的说法获得一个相应地转换了的意义，那么思想就通过其跳跃而发生了转变。

164 眼下不需要一个详尽的证据，来证明我们在尝试跃入语言之本质之中时，我们周围首先充斥着种种表象、角度和问题，而它们对于以往所有的语言观来说都是决定性的，并且已经化为固定的习惯了。这些都是上文已经提及的。我们几乎不再能通观它们的全貌，也不再能卓有成效地对它们分门别类，除非我们带一点暴力，强行把它们回溯到少数引导性的视域上——而这不是本次演讲的任务了。

不过，由于任何跳跃都是从传统中起跳，而同时，传统本身总是能获得更丰富的隐蔽的赠礼（Gaben），比一种单纯的求新癖所见的更为丰富，所以，我们就不可能立即摆脱那些业已成为习惯的语言观点。即便这些语言观点有时候会如此这般地误导我们对语言之本质的思索，以至于我们很迟才能洞察这一点——即便这样，我们自己也做不到这种摆脱。

在某物像语言之本质那样受到困扰的地方，跳跃之准备就势必变得烦琐，如果可以做一种比较的话，甚至比柏拉图极为美妙的对话更烦琐；正如人们可以确认的那样，柏拉图这些对话说来说去、问前问后也得不出什么结果——这是对那些追逐陈述和学说的人来说的，他们不会去倾听对话之道说中未被道说者。不知内情者当然会以为，未被道说者只不过是被道说者背后留下来的残余物。但实际上，未被道说者的位置只在于被道说者中，而且只有通过道说的至高力量才可能成其自身。通过未被道说者，我们才能看到在其整个实事性中的思想的实事（*Sache*）。

为了赢获对于自由之境的第一道目光，为了使我们所尝试的对于语言之本质的考察变得更清晰，我们下面将限于讨论某个事态。这个事态在那个十字路口已经变得显而易见了，在那里，作为λόγος ἀποφαντικός[显示的逻各斯]意义上的思想的λόγος[逻各斯]，与作为道说意义上的“话”的λόγος[逻各斯]相互遭遇了。用一句套话来讲，这里关涉到思想与语言的关系。关于这一课题 165
的讨论是永无止境的，因为它们缺乏正确的开端。缺什么呢？缺的是对下面这回事情的洞察：思想不能孤立地被探讨[①]；因为要是看不到思想与存在的关联，则我们所能得到的思想之本质就永远只是破碎零乱的。如果我们已经把语言与思想的关系带入课题中，我们就必须把我们的沉思朝向**思想**与**存在**与**语言**的关系。但这样一来，立刻就会出现我们的意图曾经陷入其中的整个窘境。因为很显然，**思想**、**存在**与**语言**之间的关系是不能像三个事物那样被放置在一起的。思想、存在与语言的关系绝不只是通过把三者之间的交互联系交织起来才得出来的。而毋宁说，它们相互间保持的关系乃是那种尚未被经验的东西，而思想、存在与语言的共属就在其中回响。对于这种关系，我们还缺乏洞察的目光，但也缺乏倾听词语在此道说的东西的耳力。不过，我们仍旧要寻求帮助，以便把上述三者的关系收入眼帘，同时经验到，我们本身归属于这种关系，因为我们在其中被需要，居于其中并且在其中从事建构。所

① 此处“探讨”的原文为 erörtern。海德格尔在本文中区分使用了 erklären，erläutern 和 erörtern 三个动词，三者基于词根的差别。我们在译文中也做了相应区分：我们把 erklären 译为“说明”，把 erläutern 译为“解说”，把 erörtern 译为“探讨”（似也可译为“定位”）。——译注

以，思想、存在与语言之间的关系就不是与我们对立的。我们本身就被扣留于其中。我们既无法赶超之，也不能仅仅获取它，因为我们本身就被纳入这种关系之中了。于是我们就可以发觉，我们的沉思所必经的烦琐和笨拙不只是起于我们能力的局限，而是本质使然。但这并没有给我们权利，让我们去悲叹人类的苦难，而倒是一个理由，让我们欢呼那为思想所储备的丰富谜团。

但现在，思想、存在与语言之间的关系（我们作为思想者归属
166 于其中）究竟有着怎样的结构呢？我们不可忽视路标最终显示出来的东西。用公式来表达，就可以说：存在与思想，它们本身处于共属中，被回置入作为道说的λόγος[逻各斯]之中，因而也即被回置入语言之中。语言显示为基础/根据，思想与存在显示为基础/根据的显现。思想与存在建基于语言中。语言赋予这种关系以依靠。①

然则现在，在我们要停留在离基深渊（Abgrund）之地带的时候，如果我们这样来阐发事态，难道我们不会重又堕入关于基础/根据（Grund）和论证（Gründen）的观念中吗？不过，即使我们这一刻不会被这种倒退所干扰，我们也会反对这样一种说法，即我们要把语言表象为存在和思想的基础/根据。

无论被看作言说、说话，还是被看作道说，语言都是人类的一种行为。那么存在竟也可以被说明为人类的一个产物么？显然不能。思想倒是更适合于这种说明，人思想，是因为他言说。抑或人

① 如今可参看《康德的存在论题》（1961年），1963年，第32页以下。[马丁·海德格尔：《路标》，《全集》第9卷，第445—480页，弗里德里希-威廉姆·冯·海尔曼编，美茵法兰克福，1976年]。——原注

言说，是因为人思想？或者这两种说法都无法令人满意？不过，为了在思想、存在与语言三者的关系整体中赋予语言一种别具一格的地位，还有另一条道路。如果我们把语言表象为某物的表达和某物的符号，那么就会得出一点：只要存在是通过语言而被说出来的，则存在就是语言。思想是语言，因为思想是在言说中得到表达的。自古以来，而且不是没有原因的，人们就已经借助于“符号、标志”(Zeichen)观念来表象语言的语言因素。因此我们绝不可轻视这种有着悠久传统的观点，在它看来，只要我们问语言是什么，语言就会几乎自动地为我们所见。即便我们已经认识到，这种把语言表象为表达的观点还是阻止我们转投(*Einkehr*)①入语言之 167
本质中的最棘手的障碍，这时候，我们也不可轻视这个观点。

然而，现在要注意的是，语言作为存在与思想的表达必定取得的全面成果，仍然没有切中当我们说“语言的本质乃是把存在与思想保持在相互共属中的那个关系保持者”时所思考的东西。这个陈述句——如果它是一个陈述句的话——有其奇异之处。我们更倾向于以另一种方式来编排上面讲的关系，并且说：语言与思想建基于存在；因为两者都是某种存在者，而存在具有基础/根据(Grund)的特征。语言与思想建基于存在，倘若没有存在，语言与思想就是一无所有。

不过在同一时刻，我们也回忆到：作为基础/根据的存在把思想规定为论证。基础/根据与论证的这样一种联系产生于Λόγος[逻各斯]的原争执。但根据路标给予我们的回溯极远的指示，

① 因此不是“跳跃”！——原注

Λóγος[逻各斯]就是"话"(Rede),就是道说(Sagen)。据此看来,在Λóγος[逻各斯]的原争执中起支配作用的,乃是道说意义上的λóγος[逻各斯]的真正有争执的东西。无论语言、思想与存在之间的关系多么晦暗和奇特地出现在我们面前,它都显示出一个烙印和一种特征——如果我们不想专横地无视这个路标及其指示作用,那我们就不得不正视这个烙印和这种特征。

如果我们更持久地考察其中被指示的东西,那么,我们就不会不注意到:λóγος[逻各斯]在那儿并不显现为发声言说意义上的语言,并不显现为表达。λóγος[逻各斯]乃是让显现意义上的道说。当我们寻求语言的本质时,我们必须[①]着眼于道说来探讨语言,再也不能仅仅把语言解说和说明为言说活动了。

168 现在必需的探讨于自身中包含着思想向其离基深渊的跳跃——跃入语言之本质中。在这里,"本质"(Wesen)不再意指可能性之基础/根据,不再意指essentia[本质],作为最高种类的本质状态(Wesenheit),不再意指亚里士多德的τὸ τί ἦν εἶναι[本质、什么存在],不再意指黑格尔逻辑学意义上的"本质"。本质乃是允诺意义上的持续[②],而这种允诺就是一种居有[③]。作为道说的语言的本质现身(das Wesende)乃是领-域[④]。这个词在这里被

① [根据第二份手稿的补充,文章有出入之处:]何来这个"必须"?——原注

② 此处译文未显明"允诺"(Gewähren)与"持续"(das Währen)之间的词根联系。——译注

③ 此处"居有"(Ereignen)为动名词,联系于名词"本有"(Ereignis)。——译注

④ 此处"领-域"原文为Be-reich,是作者对德语名词Bereich(领域)的分写。在此上下文中,海德格尔强调了"领-域"的词根含义,即reich的"到达、端呈"之义。——译注

用作单数形式。它命名的是某种独一无二的东西，是那个东西，在其中，一切物和存在物相互被呈－递、被呈献，并且因此相互达到，相互带来幸与不幸，相互充盈和满足[①]。[②]

唯在这个[③]领域中也有不可达到的东西（das Unerreichbare）。这个现在要作为道说之本质现身来经验的领域，乃是一个游戏王国[④]，事物和存在物的一切关系都在其中相互－游戏和相互映射。道说乃是领－域（Be-reich）意义上的端呈（Reichen）。指出这一点，只能让我们远远地猜度作为道说的语言之本质。领域乃是思想与存在共属的地方（Ortschaft）。

这个地方本身就是两者的关－系（Ver-hältnis）。对于这种关－系，我先前是用一个短语来加以提示：语言是存在之家。在这里，家恰恰意味着此词本来道说的意思：守护、保护、容－器、关－系。[⑤]"存在之家"这个说法中的"存在"意指存在本身。[⑥] 但这恰恰意味着：与思想的共属，这种共属才规定了存在之为存在。在上面这个短语中，"语言"不是被设想为言说，因此不是被设想为单纯

---

① 作者在此使用了一系列以 reich 为词根的动词，诸如"呈－递"（zu-gereichen）、"呈献"（überreichen）、"达到"（erreichen）、"带来"（gereichen）、"充盈"（ausreichen）等，中译文未能完全译出此种联系。——译注

② ［根据第二份手稿的补充，文章有出入之处：］呈－递者（Zu-reichende）、"充分者"（Hinreichende）、到－达（Er-reichern）（增多）。——原注

③ ［根据第二份手稿的补充，文章有出入之处：］如此这般被思考的。——原注

④ 此处"游戏王国"（Reich des Spiels）中的"王国"（Reich）与上下文中的"领域"（Bereich）和"端呈"（reichen）相联系。——译注

⑤ 海德格尔在此用四个词表明了"家"（Haus）的本来含义："守护"（Hut）、"保护"（Wahrnis）、"容－器"（Be-hältnis）、"关－系"（Ver-hältnis）。——译注

⑥ 以及存在论的区分。——原注

人类活动，而是被设想为家，也即守护、关－系。

这种关系曾屡屡通过另一种说法而得到暗示，这个说法就是：169 语言说，而不是人说。人说话，只是因为人应合于语言。①

语言说。乍一听，这就好像是一种同语反复，此外我们无法设想，语言该如何说话，因为语言本身并没有装备说话器官。然而，这个看起来像同语反复的句子，即“语言说”，却指出了一点：语言本质于自身中游戏，当然并不是由此囿于自身中，而是把自身释放到自由之境中，即那种原初自由的唯由它自身来规定的自由之境。

通过对作为领域经受住思想与语言之共属的关系的沉思，我们就会更加接近上述事态。但在“语言说”这个说法中，这个“说”(spricht)要是不可能指说话器官的活动意义上的“言说”(sprechen)，那又意味着什么呢？

语言是作为话语说，作为呼声和要求来说话②。语言是如此善于游戏，以至于在此情形中，言说的意思就等于道说。但在其他情况下，关于语言的学说却另有讲法，它力图说明：动词“言说”和“说话”这两个动词有别于动词“道说”③，可以绝对地被使用。道说则总是包含着与某种有待道说者和已经被道说者之间的联系。就此而言，道说是相对的。如果我们进一步来思考“言说”、“说话”、“道说”这些动词的意义，那么，我们无疑必须反对语言学说，

① 可参看海德格尔：《在通向语言的途中》，中译本，孙周兴译，北京：商务印书馆，2011年。——译注

② 此处“话语”(Spruch)、“呼声”(Zuspruch)和“要求”(Anspruch)有相同的词根，都联系于动词“言说”(sprechen)。——译注

③ 此句中的三个动词“言说”、“说话”与“道说”的对应德语分别为sprechen，reden，sagen。——译注

而强调指出：唯有在道说中，语言的整个本质才得以显露，并且在此意义上得以绝对地显露出来。只有从外部、在语法上看，言说和说话才绝对地被使用，在此也就是说：与全部语言本质相分离，被割裂开来。

有人说。某人说话……某人开始说话，也许是因为他无所道说。有人说个不停，但一切皆无所道说。与之相反，有人可以沉默，以此方式道说许多，而并没有一种能言说许多的沉默。甚至恰恰是无言的手势回荡于道说中，这并不是因为存在着一种手势语言和形式语言，而是因为语言之本质依据于道说。手势并非首先 170
是单纯的手势，然后才表达些什么，并由此变成一种语言，而不如说，手势本身通过道说而是其所是，在道说中向来已经聚集了它的承载、忍受和传达。以手势方式进行的承载取决于道说，因而始终是一种行－为（Ver-halten）的回响。手势特性首先调谐着一切运动。手势的非本质（Unwesen）乃是姿态。纯粹的手势是无言的，但并不是无词的[①]。它们是如此不乏言辞，以至于它们从一种道说中并且在一种道说中被端呈出来[②]。语言的非语言的本质回响于道说中。道说总是道说某物，唯因此有时候才无所道说。道说什么同时也始终是对于某人、对于某个听者道说。语言从道说而来言说。语言之本质就是道说。“道说”（Sage）一词，类似于我们语言中的许多词汇，现在多半是在一种弱化了的意义上来使用的：

① 注意此处“无言的”（sprachlos）与“无词的”（wortlos）之间的区别。一声不吭并非无话可说。——译注

② ［根据第二份手稿的补充，文章有出入之处：］完成它的端呈（Reichen）。——原注

道说是单纯的传说，是某种不靠谱的、因而不可信的东西。我们这里的道说不是这个意思——如果这个词语是要暗示出语言之本质的话。它的意思更多地就是在传说意义上来讲的，这种传说作为故事与童话联系在一起了。或许语言的本质才是真正童话般的东西。

只要我们已经被允诺给作为道说的语言之本质了，那么我们就只能道说。但"道说"究竟意味着什么呢？通过倾听古希腊的λέγειν[说、说话]和λόγος[逻各斯]两词，也即显现——以及让闪现——令人着迷，我们就得出了第一个答案。我们的[1]词语 sagan 指的也是同一个意思；它意味着让显示、指引、观看——以及让觉知。道说乃是解蔽着-遮蔽着的显示和指引，是如此这般被规定的向……呈-献（Dar-reichen zu...）以及一种来回端呈。传说乃是这种暗示着-显示着的端呈的领-域。

171 按其原始的[2]本质来看，显示恰恰不需要符号，也就是说，显示不只是符号的使用，而不如说，显示作为让显现，才使得符号的创建和利用[3]成为可能。唯因为语言本质上是道说，在原始意义上显示着[4]，对于说话和言说来说才有声音和文字符号。唯因为语言在本质上是道说，作为这种道说而显示，这种显示才能成为一种注视和关注的让观看，这就是我们所谓的形象，以及引起文字

① ［根据第二份手稿的补充，文章有出入之处：］德语的。——原注

② ［根据第二份手稿的补充，文章有出入之处：］最本己的（而不是：原始的）。——原注

③ ［根据第二份手稿的补充，文章有出入之处：］应用（而不是：利用）。——原注

④ ［根据第二份手稿的补充，文章有出入之处：］指引世界的显示（而不是：在原始意义上显示着）。——原注

（不仅是音标文字，也包括象形文字）的东西。[1]

唯有根据对道说的充分探讨，我们才能理解思想的原始的λόγος［逻各斯］特征。思想在本质上乃是道说。作诗（Dichten）乃是歌唱。任何一种歌唱都是一种道说，但并非每一种道说都是歌唱。

“道说”（sagen）一词的词根可以追溯到印度日耳曼语的sequ，它在希腊语ἐπ－ἔπος－ἔνεπε［话语－道说－告诉］中重现出来，在荷马的《奥德赛》第一句诗中可以听到："Ανδρα μοι ἔννεπε，Μοῦσα，πολύτροπον...[2]；“告诉我，缪斯，那位精明能干者的经历……”。缪斯通过道说（sagen）而歌唱，通过向歌唱者道出传说而歌唱。如此，歌唱与思想，歌与思的各自聚集，两者处于同一本质中，居于道说之传说因素中。因此，举例说来，在索福克勒斯的戏剧中，安提戈涅、俄狄浦斯和忒瑞西阿斯[3]并不是作为经过心理学训练的讲话者来言说的，他们道说，因此而歌唱。在道说中他们让他们看到的东西显现出来，也即让他们自己注视到的东西显现出来。

从我们现在探讨的东西来看，我们从德国古典主义和浪漫主 172
义时期听来的关于语言的思想就变得可理解了，例如格奥尔格·哈曼的话："诗歌是人类的母语。"[4]依此看，语言的本质就必须根

---

① 形象的本质来自“听”（Gehörig）。——原注

② 同上，参看上文第161页，注1。——原注

③ 安提戈涅（Antigone）、俄狄浦斯（Oedipus）、忒瑞西阿斯（Teiresias）：为希腊悲剧作家索福克勒斯戏剧中的三个主角。——译注

④ 约翰·格奥尔格·哈曼：《袖珍美学》（Aesthetica in nuce），《著作全集》，历史考订版，约瑟夫·那德勒编，维也纳，1950年，第二卷《哲学、语文学、批判文集》（1758—1763年），第197页。——原注

据诗的本质来理解。本人在1936年的演讲《荷尔德林与诗歌的本质》[①]中即有此说。但诗的本质要从哪儿来思考呢？要根据为思与诗呈递它们各自的本质的那个领域的道说因素来思考。

因此，对于荷尔德林的具有丰富暗示的诗句“人诗意地栖居/在这片大地上”，我们也必须奋力一跃，做更深入的思考，方能完全领会之。人诗意地栖居，是因为人被允诺给作为道说的语言的本质了。

只要我们使诗与思的相互关系处于诗歌与哲学之关系的紧张状态中，则我们就没有接近诗与思的关系。

思想的基本原则乃是向被我们称为道说的语言之本质的跳跃。道说之传说因素乃是那种多样的端呈，那个领域就作为这种端呈在自身中回荡。这个领域就是思想与存在之同一性的地方。

思想乃是道说，但未必是说话、言说和书写。思想是道说，但未必是逻辑的λόγος ἀποφαντικός[显示的逻各斯]意义上的陈述，未必是作为辩证法之διαλέγεσθαι[对话]的λέγειν[说、说话]意义上的传达(durchsagen)。

诚然，关于道说之本质及其道说因素，我们根本还少有可说的。我们必须先来经验和忍受多半令人诧异的东西：语言之本质
173 先于一切存在和思想，先于两者的共属，并且为这种共属，乃是于

① 马丁·海德格尔：《荷尔德林与诗歌的本质》(1936年)，载《荷尔德林诗的阐释》，现在见《全集》第4卷，弗里德里希-威廉姆·冯·海尔曼编，美茵法兰克福，1981年，第33—48页。——原注

自身中回荡的地方之运作，作为后者的领域，道说使一切物[1]和本质相互呈献，并且因而为我们把它们端呈出来，使我们到处能达到和错失它们。

无疑地，倘若于自身中游戏的传说性领域的令人诧异之物——语言本质——并非偶尔闪现，我们没有学会（尽管通过宽阔的路径）偶尔洞见这种闪光的余晖，那可是更为令人诧异的。最后让我们来指出这样一种闪光的证词。这段证词的标题叫《独白》（Monolog）；文字如下："真正围绕言说和书写的，是一件古怪的事情；真正的对话乃是一种单纯的词语游戏。可笑的谬误只是惊奇于一点，即人们以为——他们是为了事物之故而言说的。恰恰语言的固有特性，即语言关心自身，是无人知晓的。因此，语言是一个多么神奇和多么可怕的秘密，——如果有人只是为了言说而言说，那么他恰恰道出了最绚丽、最原本的真理。但如果他说的是某种确定的东西，那么，诙谐的语言就让他说出最可笑和最错乱的胡言乱语。由此也产生出这样一些严肃的人们针对语言的仇恨。他们觉察到语言的恶作剧[亦即语言的狂傲倾向]，但没有发觉，可鄙的闲聊乃是语言极其严肃的方面。倘若有人只能使人们理解，语言的情形就如同数学公式。——它们[2]构成一个自为的世界——它们只与自己游戏，所表达出来的无非是语言的神奇本性，而且正因此，它们是多么富于表现力——正因此在它们身上映射出奇特

① ［根据第二份手稿的补充，文章有出入之处：］……回荡着的运作，道说作为这种运作，这个领域使一切物和本质……——原注

② 此处"它们"应指上句的"数学公式"。——译注

的事物关系游戏。唯有通过它们的自由，它们才是自然的一部分，
174 而且唯在它们的自由运动中，世界灵魂（Weltseele）才表达出来，并且使自己成为事物的一个温柔标尺和基本轮廓。语言的情形亦然——谁若关于语言的指法、语言的节拍、语言的音乐精神有一种精细的感觉，谁若于自身中觉悟到语言的内在本性的柔和作用，然后来活动自己的舌头或者自己的双手，他就会成为一个先知；与之相反，谁若完全知道这些，但对之没有足够的感受力，来描写诸如此类的真理，那他就会被语言本身所瞒骗，为人类所嘲笑——就像特洛伊的卡桑德拉[①]。如果说我因此以为已经最清晰地说明了诗歌的本质和任务，那么实际上我知道，没有人能理解这一点，我完全说了些胡话，因为我愿意说胡话，于是就不会出现任何诗歌了。但如果我必须说话怎么办？这种想说话的语言冲动是我身上的语言灵感、语言效应的标志吗？倘若我的意志也只是想要我必须要的一切，那么，后者说到底在没有我的知识和信仰的情况下可能成为诗歌，可能让人理解一个语言秘密吗？还有，我因此是一个有使命感的作家，因为一个作家很可能只是一个语言上的激动者？——"

这段证词出于哈登贝格（即诺瓦利斯）[②]之手，是一篇关于"雅

---

① 卡桑德拉(Kassandra)：希腊神话中的第一位女预言家，特洛伊国王布莱姆的一个女儿。卡桑德拉从阿波罗那里得到了预言能力，但由于阿波罗最后没有得到卡桑德拉的爱，阿波罗诅咒她："虽然能正确的预言未来，但却没人会相信。"卡桑德拉公主经常能够看到灾难就在眼前，但没人相信她，甚至认为她是一个疯子。她预见到特洛伊的灭亡，甚至还预见了城门外巨大的木马不是希腊人送给特洛伊的礼物，而是一个诡计，特洛伊会被希腊人的木马攻陷。但人们把她的话当成了戏言。——译注

② 哈登贝格(Fr. v. Hardenberg)是诺瓦利斯的原名。——译注

典娜神殿”(Athenäum)的文章的草稿,写于1799至1800年间。[①]这个λόγος[逻各斯]独白中,有许多东西还是晦暗的和模糊的,因为它与我们这几个演讲中所尝试的事情不一样,是在不同方向上思考的,是用不同语言说话的。

诚然此间已经形成了一个顾虑,以为这里会把语言或者说它的本质绝对化。只要我们固守于表象,把语言本质看作某种现成的和预先给定的东西,而不是跃入[②]作为领域的道说所是的那种 175
关系之中——我们本身就被扣留在这种关系中了。

但这方面的考虑却把我们的思想带向一种要求,要去检验一下,在关系(Verhältnis)、领域(Bereich)、道说(Sage)、本有(Ereignis)这些词语中所命名的实情是否依然可以通过概念来表象。于是唤醒了一种沉思,想想是不是已经要求有一种思想,它的语言应合于道说之本质和本质之道说,因此也不能利用任何变换了的形而上学术语。这种不同的思想必须回到我们的语言的充沛语汇里来倾听,在其中有一种未曾用过的道说等待着,去促成对未经思考者的思想进入词语。不过,这个语汇决不能自发地就剥夺了思想在道路上的冒险。

然则思想也并不把自己移交给语言,而是深入道说之本质渊源来探讨语言本质,即我们被扣留于其中的那种关系。

我们依然合乎关系地定居于这片大地上。有人若只盯着权利

① 诺瓦利斯:《书信与著作》,爱瓦尔德·瓦斯姆特(Ewald Wasmuth)编,柏林,1943年,第三卷,第11—12页。——原注

② 在形而上学上讲;我们不能跳越任何东西。我们只能在一种对其他本质的寻求中寻找。——原注

的维护，而不是针对关于实事及其要求的经验，他就可能会反驳说：那么，恰恰合乎关系的东西是绝对的。没错。但问题仍然是，我们在思想中有单纯的正确性是否就够了，有正确性的帮助我们是否就能说“绝对的”究竟意味着什么。

更有分量的首先是另一种思量。如果我们说：思想之离基深渊乃是语言的本质。语言的本质乃是道说。道说乃是暗示着－显示着的端呈之领域。这个领域作为思想与存在之共属的地方而存在（*ist*）——当我们道出这一点时，看起来仿佛我们只是跟随了一个陈述链条。但表面看来如此、而且在任何时候只能这样被看待
176 的东西，同时也是对一种道说的暗示，这种道说为它自身所围绕，而且恰恰因此保持开放，恰如一个圆环，它作为圆环虽然是封闭的，但作为封闭的圆环，它恰恰在周围保存着一道光亮和一个自由之境，在其中，未被道说者也许会发出声音，而并没有显示自己。

塞尚有一次关于绘画的对话，探讨被画下来的色彩何以首先构成和包含了一幅画的图样和裂隙，但却只能这样来包含，即画中的图样并没有特别地显示自己。在这次对话中，塞尚说道：

“我们不必去拉人们的袖子。”①

---

① ［也许是海德格尔自己对塞尚下列说法的一种自由的、谚语式翻译：“Personne ne me touchera(...) ne me mettra le grappin dessus. Jemais! Jemais!”］参看爱米尔·伯纳德（Emile Bernard）：《回忆保罗·塞尚》（Souvenirs sur Paul Cezanne），法国墨丘里出版社（Mercure de France），1907 年 9/10 月。——原注

编者后记

177

这里端出的第79卷包含1949年不莱梅系列演讲《观入存在之物》和1957年弗莱堡系列演讲《思想的基本原则》的完整文本。两个系列演讲在口头演讲以及后来部分出版(见下文)之时,首次给予较为广泛的听众和读者一个机会(尽管还是有限的),得以洞察后期海德格尔的存有历史的思想,因此当时就得到了人们相应的关注。《不来梅演讲》同时证明了第二次世界大战后海德格尔的首次公开露面。

系列演讲《观入存在之物》,是海德格尔于1949年12月1日在不莱梅俱乐部做的,1950年3月25—26日在比勒欧重做。这四个演讲的标题为:《物》、《集-置》、《危险》、《转向》。第一个演讲《物》,海德格尔此外还以《关于物》为题,于1950年6月6日在慕尼黑巴伐利亚美术学院做过,文本内容略有扩充。该演讲于1954年首次发表于文集《演讲与论文集》,第163页以下。第二个演讲《集-置》的部分内容,被用作此外全新地被构造和扩充的演讲《技术的追问》的基础,后面这个演讲是海德格尔1953年11月18日做的,列入上述美术学院举办的《技术时代的艺术》系列演讲中,1954年刊印于该学院的年刊第三卷(R. 奥登博克,慕尼黑)第70页以下。同年还重印于《演讲与论文集》第13页以下,后来又在

1962年重印于《技术与转向》,小册子之一,第5页以下。第三个
178 演讲《危险》在系列演讲之外没有重复过,还是未发表过的。不过,根据这个演讲流传的笔记,在二手文献中已经多次未经允许地被引用了。第四个演讲《转向》的文本,在1962年发表于《技术与转向》第37页以下。

《不莱梅演讲》的第一个笔记本尚未分出四个演讲,海德格尔注明是1949年10月在小木屋。第一个(手写的)誊清稿已经包含上面讲的划分,是1949年11月在慕尼黑和梅斯基尔希做的,第二本同样手写的誊清稿,则是1950年3月做的。在后面这个誊清稿中,演讲《物》的前七节被冠以标题"提示",从这个演讲中划分出来,从而被置于整个系列演讲的开头。

我们这里端出的文本依据海德格尔的第二个手写誊清稿,以及两个据此制作的用打字机打出来的副本,后者经海德格尔审订并且加了边注。在付印文本中,这些边注用小写字母标出。[①] 第四个演讲《转向》,除了手稿,只有一个用打字机打出来的副本。手稿与机打副本经由编者校对,改正了一些拼写错误。

对于演讲《物》,我们附加了一个针对原稿第9页(参看第11页作者边注)的"附录",以及几个未阐明的关于这个演讲的草案(参看本书第22—23页)。至于第四个演讲《转向》,我们这里端出的稿本与已经发表的稿本几近一致。只在两个地方,已发表的稿本多了一个句子或者说一个分句(参看小册子之一,第44页和第46页)。

---

① 中译本仅标以"作者边注"。——译注

*　*　*

构成《全集》第79卷第二部分的五个《弗莱堡演讲》，是海德格 179
尔1957年夏季学期以《思想的基本原则》为题，在弗莱堡大学公共课框架内做的系列演讲。

该系列的第一个演讲，海德格尔稍作加工后，以系列演讲的标题《思想的基本原则》发表在维克多·冯·格布萨特尔（Victor v. Gebsattel）纪念文集《心理学与心理疗法年鉴》第6年度第3卷第1期上（1958年，第33—41页）。这个系列中最著名的第三个演讲，是海德格尔以《同一律》为题，于1957年7月27日在弗莱堡市政厅为弗莱堡大学五百周年校庆系科日做的纪念报告。这个演讲发表于四卷本的《阿尔伯特－路德维希－弗莱堡大学1457—1957年——校庆纪念文集》第一卷第69—79页。同年，该演讲未经改动的文本刊印于纳斯克出版社（弗林根）出版的《同一与差异》中。弗莱堡系列演讲中的第二、四、五个演讲一直未发表过。

与《不莱梅演讲》一样，我们也采用了《弗莱堡演讲》的手写稿和由海德格尔本人审读过的副本（只有一个例外），以之作为我们这里端出的文本的基础。编者对原稿和副本做了校对，并把手写边注作为注释录入付印文本中。不过，第三个演讲《同一律》的原稿下落不明。所以，这个演讲印行的文本基础是由海德格尔深度加工过的用打字机打出来的副本。第五个演讲的第二个打印副本含有海德格尔亲手做的大量的补充性的文本修订，编者把它们纳入注释中了，并以特殊的附注加以标识。

180 本卷端出的全部文本出现的海德格尔的特殊写法也被保留下来了，哪怕它们与有关正字法规则相抵触或者有变化。后面这种情况尤其针对“存在/存有”(Sein/Seyn)写法，正如在一些已经出版的文本中一样，此种写法未被简化为“存在”(Sein)写法。构成特例的只是术语“集－置”(Ge-Stell)，这种写法明显占多数，它脱离了“集置”(Gestell)这个常用概念。文中标点符号略作补充。编者尽可能根据海德格尔藏书里的样书对引文做了审查，在文本中仅以缩略形式出现的书目说明，编者在脚注中做了补充或完备化处理。

*　　*　　*

《不莱梅演讲》在《观入存在之物》的标题下，以有关物之完全本质及其在技术时代里的失保护过程的问题为引线(技术乃作为“集－置”之统治地位，在其中存在者只还以可订置的存料的形态显现出来)，展开关于这种存有历史性的局势和在其中隐蔽的危险及其可能克服的基本事件的问题。在海德格尔看来，真正的危险乃在于对存在者的无蔽状态之事件的完全掩埋，这种存在者在存有之解蔽与遮蔽、澄明与遮蔽状态的时代历史性的交互作用中，在本有中有其位置。

《弗莱堡演讲》作为根据其原则来经验思想的尝试，乃是历史性的冒险，就是要大胆参与到思想的世界历史性的无决断状态之中，进入思想与召唤思想的东西的争执中来思考它所思考的东西，并且因而来思考它如何思考。这种尝试对于传统向来如此被命名

的思想的基本原则——诸如同一律、矛盾律和根据律——的探究 181
深入到一种思想的传承之中，这种传承使我们向另一种居有(Aneignung)开放，因而使一种掌握我们时代的思想的转换成为可能。这种尝试的追问返回到思想规律的来源位置(那是任何科学都达不到的)，也就是说，深入到思想与存在之同一性的地方的另一个领域，因而深入作为共属的另一种同一性，后者作为人与存在的归本乃在存有之澄明的本有(Ereignis)中成其本质。

* * *

作者遗著保管人海尔曼·海德格尔博士把本卷的编辑工作委托给我，我感谢他对我的信赖。我要向弗里德里希－威廉姆·冯·海尔曼教授(Friedrich-Wilhelm von Herrmann)和哈特姆特·蒂特延博士(Hartmut Tietjen)表达我的谢意，感谢他们在本卷文本和格式构成过程中给予的大量建议和提示。感谢马克·米歇尔斯基(Mark Michalski)先生和哈特姆特·蒂特延博士在寻找引文说明和补充书目出处时给予的支持。塞尚一段话的出处说明，我要感谢巴黎的弗朗索瓦·费迪耶教授(François Fédier)。对于细心的校样审读工作，我要感谢彼得·克鲁姆霍尔茨先生(Peter Krumholz)和哈特姆特·蒂特延博士。

彼特拉·耶格尔

1994年5月于杜塞尔多夫

译后记

一

本书是德国思想家马丁·海德格尔（Martin Heidegger，1889—1976年）的晚期作品，由两个系列演讲组成，一是1949年不莱梅演讲《观入存在之物》，该系列共有4个演讲，主要讨论“技术”问题；二是1957年弗莱堡演讲《思想的基本原则》，该系列共有5个演讲，主要讨论“思想”问题。众所周知，“技术”和“思想”是后期海德格尔的两大主题，故本书的重要性不言而喻。

海德格尔被认为是20世纪思考现代技术之本质的最重要的思想家，其技术之思最显深邃，但也差不多被公认为最为玄虚晦涩。相关争议不断。但，这也恰恰表明了海德格尔在此论域上的重要性。

我们知道，海德格尔哲学分前、后两期。前期以实存论（此在分析）为重点，重在对人的实存状态分析，企图以此重构欧洲－西方的存在学/本体论（Ontologia）哲学传统。之后在30年代初经历了一段政治歧途，效忠希特勒法西斯，当了10个月的纳粹时期弗莱堡大学校长。[①] 卸任后，海德格尔展开了关于存在历史的非哲学或后哲学的思索，试图对人做一个重新定位，在“人如何被规定”的意义上来思考人与存在的关系，以及世界的基本元素或基本意义方向。这时候，技术问题就成了海德格尔思想的一个核心课题。

那么，海德格尔技术之思的动机是什么？我认为有两个基本动因：一是对西方形而上学哲学史的解构，二是对当今人类生活状况的洞察。海德格尔的哲学传统批判工作的基本结论是：哲学－科学－技术－工业－商业体系已经获得历史性展开和全球性完成，而人（今天是全人类）已经落入技术圈套之中了。着眼于今天人类生活状况，海德格尔看到了技术无所不在的支配性和控制性力量，技术已经成为现代文明最核心的驱动力；而且，人类已经从通过技术加工自然进展到通过技术加工人类自身，也即开始加工人类的身体自然了。在 20 世纪 50 年代的一篇文章中，海德格尔就预言了这一点。

人类原是自然的一部分，生于自然而归于自然，就像花开花落；现在，现代技术把人类与自然隔离开来了，我们已经不能接“地气”了。海德格尔对此是有深切感受的，甚至于产生了一种对于“无根”的恐惧感。在 1960 年代的一次访谈中，海德格尔说：当他看到美国人从月球上拍摄的地球的照片时，他竟有一种恐惧感，感觉人类已经被“连根拔起”了。这话现在听起来不免让人笑话。我

① 有关此事件的争执至今还在持续发酵中，特别是新近（2014 年上半年）海德格尔纳粹时期《黑色笔记本》的编辑出版，再一次引发了全世界范围内的广泛争议。

们中国人现在也登上了月球，大家有的只是喜悦，哪里还会有“去根”的感受呢？海德格尔颇有农民习性，特别重视人对于大地的归属性。那么，是海德格尔不合时宜啰？

海德格尔当然是不合时宜的。他提出的“返回步伐”本身就是不合时宜之举。与他的诸多先贤一样，海德格尔总是试图在古典希腊（前苏格拉底文化）寻找支持。在他看来，现代技术已经疏远于技术的原初含义，即希腊的 techne 的含义。首先，希腊的 techne（技艺）的原始意义是“精通”，是指向操作、实践的“精通”（Wissen），它也是一种“知”，但这种“知”与 episteme 意义上的“知识”或“科学”是有区别的。相应地，所谓的 technikos 不再是工匠或艺术家，而是有所精通的“高手”。其次，希腊的 techne 是“技”与“艺”不分的，当时也还没有工匠与艺术家之职业分别。再次，希腊的 techne 体现了人与自然的亲和性，当时所谓“模仿”（Mimesis），根本上乃是一种“应合”，传达的是一种敬重自然的人生观和一种以和谐为重的“自然观”。

现代技术（Technik）则变了样，已脱落于 techne 的原初含义了。关于现代技术，海德格尔大致有如下几个基本想法：其一，现代技术具有形而上学的基础，是形而上学本质的展现，尤其是以近代主体性形而上学为前提的。其二，现代技术已经与艺术分道扬镳了，虽然艺术也并非不受现代技术的影响。职业艺术家的出现当然也是这一进程的后果之一。其三，现代技术中造成了一种形式性与实验性的结合，即形式科学与实验的结合，从而区别于古代的 techne。这是近代之初发生的大事。数学的形式性就不用说，物理学的基本概念（质点、力、加速度等）都是完全形式的规定。完全形式的东西怎么可能被实质化？“普遍数理”的形式科学是如何可能被实验化，或者说被转化为实验科学的？这似乎还是未解的课题。其四，现代技术体现了人对自然的暴力关系。在近代形而上学中确立起来的主体－客体对立的对象性思维方式，本身已经是一种强制姿态。以此为基础的科学（知识）的事物探究越来越成为基本的甚至唯一的，技术成为人类控制自然到最后也控制自身的主配性力量。

进一步，海德格尔用自创的一个词“Ge-stell”来规定现代技术的本质。美国学者詹姆信认为，海德格尔的 Ge-stell 是 20 世纪最神秘的一个理论词语。国内对此词的翻译和理解也多有分歧。已故的熊伟先生译之为“座架”。我把它译为“集置”，完全是一个字面的翻译，因为前缀 Ge-就是“集”，而词根 stell 就是“置”。什么意思呢？我想也未必把它弄得很玄乎。海德格尔的意思是，现代技术已经成为人全面“置弄”事物的方式，比如在观念上，人要“置”事物为对象，这在哲学上叫“表象”（Vorstellen）——其实应该把它译为“置象”；在生产上，人要“置造”（Herstellen）事物；又比如，在某处发现了一个新油田或者新矿床，但我们现在还开采不了，我们就“订置”（Bestellen）之，以后迟早是要开采的。凡此种种，都是“置”，合起来就是“集置”。海德格尔以“集置”（Ge-stell）来表示现代技术的本质，按我的理解，意思就是事物都被技术人“置弄”了，而全人类都进入这种“置弄”的活动中了。好比说南极的企鹅，仿佛还没被技术“置弄”呢，但其实，企鹅身上也已经发现了大量的环境激素，只不过这个量比内陆的人类和动物少一些。你能说企鹅没有被技术“置弄”吗？

我曾经把人类在20世纪普遍面临的现实难题概括为两项，一是技术困境，二是价值虚无。这个说法在进入21世纪的今天仍然成立。而且我认为“技术困境”与“价值虚无”之间是有关联的，或者说，“价值虚无”是“技术困境”的后果和表现。其实马克思他老人家早就预言了这一点：在技术工业社会里一切旧价值都被动摇了，被相对化了，只有可交换价值是稳定的。

20世纪有三大件，就是在早、中、晚期相继出现的飞机、电视、网络。这三大件威猛无比，彻底改变了人类的空间感、时间感、图象意识和视觉经验等等。这恐怕是人类文明史上最大的变局。人类真正进入到马克思所谓的“普遍交往”的过程中了。但人似乎变得更孤独了。一方面是被技术无限放大的普遍交往的可能性，另一方面则是在真假、虚实结合的虚拟空间中个体被平均化、同质化，成为一个无足轻重的分子。如果说在技术世界中个体可能被极度放大，那么，他同样也可能被极度缩小，被缩小成一个没有实质的东西——于是就加深了个体的孤独感。虽然个体难免孤独，但现在我们的孤独被格式化、被形式化了，有了另一种深重的孤独。

也正是在20世纪的进程中，技术哲学越来越成为一门热门学科或研究领域。有人把海德格尔称为技术哲学的先驱人物。这恐怕还是有失妥当的。实际上，技术是一个十分古老的哲学讨论课题。古希腊哲学家亚里士多德对技术问题就有过深入思考。往近处说，至少弗兰西斯·培根可算最早的“技术哲学家”。正如一般哲学的发展状况一样，在技术哲学上同样也有路线分歧，有人文主义的技术哲学与科学主义的技术哲学。国内有学者区分了所谓

"技术哲学"的四个传统,谓"社会-政治批判传统"、"哲学-现象学批判传统"、"工程-分析传统"、"人类学-文化批判传统",自然把海德格尔放在"哲学-现象学批判传统"里面了。[①] 这个区分比较细致,但若简明一些,仍不妨依照米切姆(Carl Mitcham)的划分,分为"工程派技术哲学"(Engineering Philosophy of Technology)和"人文派技术哲学"(Humanities Philosophy of Technology)两大派。[②] 从哲学史的角度来看,米切姆的划分基本上仍旧与我们所熟悉的经验-分析哲学传统和人文哲学传统之两分相合。海德格尔的技术之思,无疑属于以欧陆为主体的人文派。我愿意把海德格尔看作人文主义路线上对技术问题思考最深入的一位思想家。

毫无疑问,人文派的技术哲学总的来说对技术持批判态度,对由技术控制的当代世界和未来文明持比较悲观的态度。在《技术和新人类图景》一文中,我指出,现代技术已经越来越脱出人类的控制而成为"一种统治人类的自在力量"。[③] 这种想法差不多还是海德格尔的。我认为,现在的世界文明中还看不到有哪一种力量,哪一种文明或文化元素,能够对已经占领全球的技术工业的加速运行起到节制、平衡的作用,或者哪怕是起到减速的作用。一些古老文明被卷入技术工业后,在短短百年间被迅速地摧毁,几乎没有还手之力。在这样一种无力抵抗的情况下,我们自然也就失去了把握未来和预言未来的能力。今天主要由技术专家们提供出来的

① 吴国盛编:《技术哲学经典读本》,上海交通大学出版社,2008年,第5页。

② 同上。

③ 孙周兴:《我们时代的思想姿态》,同济大学出版社,2009年,第34页。

一些关于人类和文明未来的预测，经常处于相互矛盾的乱象中，令人无法采信。偏人文的学者们的思考更趋乏力，发不出有力的声音。还有，人文学者与科技专家之间的相互猜疑和怀疑，已经到了前所未有的地步。这些都是令人泄气的。

那么，对待现代技术，应该抱一种什么样的态度？积极拥抱技术？反技术？还是像海德格尔所说的既说“是”又说“不”的“泰然任之”（Gelassenheit）？这是一道难题。我们已经在技术的“集置”力量中难以脱身，这时候，我们对技术难以简单地表态，无法直接说“是”或者“不是”，“好”或者“不好”。我们分明看到了现代技术带来的各种负面因素，甚至于看到了技术时代里作为物种的人类正在面临的灭顶之灾，于是不好意思简单地肯定技术；而另一方面，反技术的立场也会有问题，会让人感到虚情假意，你一边利用着技术成果，一边责骂着技术，不假吗？

当年海德格尔自己不开车，但坐他夫人开的车。所以他比较聪明，主张对技术说“是”又说“不”。要是他干脆说要反技术，不就太假了么？当然，对于海德格尔所讲的“泰然任之”（Gelassenheit），我们还不能做过于简单的了解。它在字面上的意思就是英文的 let be，用中文讲就是让它去吧。如果这样解就还太简单了。它的第一层意思确实是要冷静、不要慌乱——都这样了，慌有何用？进一步，“泰然任之”还指向对事物、包括技术对象的态度，就是对事物要从容、宽厚些，不要太急色、太挑衅。海德格尔这里传达的姿态固然含有一点点无奈，但要不然又能如何？

出路在哪儿？我眼下还说不上来。我大约只有一个建议：要拿得起放得下，要进取也要学会后退。这也是我给自己的提醒。

海德格尔引用荷尔德林的一句诗句来说明，虽然过度依赖技术使得人被连根拔起，但人类还是可以被拯救的："哪里有危险，哪里便有救。"这当然是诗人的诗意表达，传达了一种希望和信念。我们还得有信心的。而关键点在于，在海德格尔看来，虽然今天人类的变局和危险是由源于欧洲－西方的技术工业造成的，但这并不意味着，未来世界文明的挽救就要靠欧洲－西方之外的文化传统了——如果有这个可能性，当然是最好不过了！海德格尔认为，面对技术文明的危险局势，首先是要对技术文明的起源进行正本清源的批判，这就是西方形而上学传统的解构工作；有了这项工作，后才能寻找可能的解救之道。这才是所谓"哪里有危险，哪里便有救"的意思。

海德格尔也把这样一项工作叫做"返回步伐"，所谓"回归本源"。这不难理解。人类已经跑到太快了，一味地往前跑，是不是至少也得消停一下，看看方向对不。我们总是已经落在某种思维定式中了，以为"前进"好，"后退"不好，以为"增长"好，"减退"不好。在这样的定式中，我们便难免误解海德格尔的"返回步伐"。

二

本书的另一个系列演讲《思想的基本原则》涉及后期海德格尔的另一个重要主题："思想"（Denken）。与前一个系列相比，这一系列演讲的晦涩费解有过之而无不及，可能更令人头痛。从大的思路来说，海德格尔这里的思索是在他的"存在历史"（Seinsgeschichte）框架里进行的。这个框架说简单了（或不免粗暴），就是

"前哲学－哲学－后哲学"三部曲，前哲学（前苏格拉底）有"思想"，哲学（形而上学史）无"思想"，后哲学（后形而上学）有"思想"的重生。

也正是在此框架内，本书德文版编者对《思想的基本原则》做了如下概括："《弗莱堡演讲》作为根据其原则来经验思想的尝试，乃是历史性的冒险，就是要大胆参与到思想的世界历史性的无决断状态之中，进入思想与召唤思想的东西的争执中来思考它所思考的东西，并且因而来思考它如何思考。这种尝试对于传统向来如此被命名的思想的基本原则——诸如同一律、矛盾律和根据律——的探究深入到一种思想的传承之中，这种传承使我们向另一种居有（Aneignung）开放，因而使一种掌握我们时代的思想的转换成为可能。这种尝试的追问返回到思想规律的来源位置（那是任何科学都达不到的），也就是说，深入到思想与存在之同一性的地方的另一个领域，因而深入作为共属的另一种同一性，后者作为人与存在的归本乃在存有之澄明的本有（Ereignis）中成其本质。"[①]

上面这个概括有高度，但仍旧让人感到费解。我希望我能进一步简解之。所谓"思想的基本原则"盖有"同一律"、"矛盾律"、"排中律"和"根据律"等。海德格尔认为，其中最高的"基本原则"乃是"同一律"（A 是 A），因为其他各个"基本原则"都可以说是从"同一律"中派生出来的，例如"矛盾律"是"同一律"的否定形式，

① 海德格尔：《不莱梅和弗莱堡演讲》，《全集》第 79 卷，编者后记，美茵法兰克福，1994 年，第 180—181 页。

“排中律”要么表现为同一律和矛盾律的直接结论，要么可以被看作为同一律与矛盾律的中间环节。所以，海德格尔在系列演讲中的讨论其实只限于“同一律”这个基本原则。

“同一律”讲的是存在者如何存在，即“每个存在者之为存在者都包含着同一性，即与它自己的统一性。”[1]我们知道，欧洲思想史上第一个道出存在之同一性的，是巴门尼德的一个著名命题：τὸ γὰρ αὐτό νοεῖν ἐστίν τε καὶ εἶναι（巴门尼德残篇第三），通常译为“思想与存在是同一的”，而海德格尔则译之为“因为觉知与存在是同一者”。我们在此译为“觉知”的 Vernehmen 一词，是海德格尔对巴门尼德的νοεῖν的翻译。海德格尔认为，巴门尼德是前苏格拉底的“思者”，他的“觉知”（思想）还不是哲学思维。黑格尔看到巴门尼德这个命题，就说“纯粹哲思”由此开始了；但海德格尔则认为巴门尼德那儿还没有哲学，而只有非对象性的、非概念性的“思想”。

不过，巴门尼德的命题并不讲存在的同一性，而是讲思想与存在的同一性。海德格尔解释说，巴门尼德的这个命题意即思想与存在一道归属于同一者，两者的同一性是“共属性”。就此“共属”（Zusammengehören）而言，重要的是“属”（Gehören）。思想与存在“属”于何？海德格尔费了一番大周折，终于把这个“何”——这个τὸ αὐτό即“同一者”——解释为“本有”（Ereignis）或者“本－有”（Er-eignis）。此即所谓“思想的基本原则”的来源。海德格尔

---

① 海德格尔：《不莱梅和弗莱堡演讲》，《全集》第 79 卷，美茵法兰克福，1994 年，第 117 页。

接着把“本有”与语言问题联系起来，因为“本有”意义上的存在之运动就是“道说”（Sage）意义上的语言。“在本－有中回荡着那个作为语言而言说的东西的本质；而语言之本质一度被我命名为存在之家”。[①] 海德格尔由此便在“存在/存有历史”意义上，也即人归属于“本有”（或者说人与存在归本于“本有”）的意义上，完成了对于“同一律”这一思想的基本规律的解释。

三

本书两个系列演讲（共 9 个演讲）的文本，部分与海德格尔生前已经出版的文本相重合，也就是说，部分已经在其他著作中出现过了，主要有：1949 年不莱梅演讲中的“物”一文已收入《演讲与论文集》中，“转向”一文已收入《同一与差异》中；1957 年弗莱堡演讲中的“演讲一”和“演讲三”已收入《同一与差异》中（只是“演讲三”与《同一与差异》中发表的文本有很大出入）。另外有的演讲文本，内容部分地与作者在其他地方的文字相重复，如不莱梅演讲的文本与“技术的追问”一文有不少重复。这是可以理解的。海德格尔之所以仍然愿意把这两个系列演讲合在一起出版，显然是因为他希望以此全集版呈现两个系列演讲本身有的理路。

海德格尔的演讲才能被认为是出众的。我们也知道，在《存在与时间》出版前，海德格尔未出版过什么著作，但哲学名声却早就

① 海德格尔：《不莱梅和弗莱堡演讲》，《全集》第 79 卷，美茵法兰克福，1994 年，第 128 页。

有了，可以说至少在这个时期，这位哲学家是靠着讲哲学出名的。我听过后期海德格尔的演讲录音，感觉上却是没有什么特别惊人或异人之处，或者是我的听觉不灵？

此外让我起疑的是，在本书两个系列的演讲中，特别是在不莱梅系列演讲中，海德格尔使用了为数不少的怪异词语，或个人新创，或重新赋义，尤其是围绕技术问题展开的讨论，其中出现的诸如“集－置”（Ge-Stell）词簇等新词新义，岂是一般的听者和读者（哪怕是德语的受众）可以直白了解的？

书中的“注释”主要包括“作者边注”和中译者所加的“译注”，另有少数几个编者注释。所谓“作者边注”是海德格尔生前在他自己的打印稿副本上做的一些批注，现由全集版编者耶格尔教授整理并补入全集版中。有关具体情况，可参看书后的“编者后记”。译文中的方括号[ ]用于标示古希腊文和拉丁文词语的对应中文翻译；有必要注明的德文原文词语则用括号（ ）标示。

本书译事是由我和张灯博士完成的。我翻译了不莱梅系列演讲的全部（共四个演讲）和弗莱堡系列演讲（共五个演讲）中的“演讲一”和“演讲三”；张灯博士提供了弗莱堡系列演讲中的“演讲二”、“演讲四”、“演讲五”的译文初稿——其中“演讲五”只译出大半，原版第171—176页未译出。我对张灯博士的译稿做了进一步的加工处理（有的地方几近重译），并补译了张灯博士未译完的“演讲五”后半部分，补充了其他一些缺漏。

本书不莱梅演讲中的“转向”原由余明锋博士初译，由我校译，收在海德格尔《同一与差异》中（商务印书馆2010年），这次我又根据《全集》版做了又一次校译。弗莱堡演讲中的“演讲三：同一律”

一文，原以“同一律”为题发表于《同一与差异》（已有本人主持的中译本出版），但两个文本有很大的出入，故这次只好重译一遍。

本书译事断断续续，费时久长。部分译文是以前就做好了的。但译事主体是在2014年上半年做的。后半部分译文的校改工作，是我2014年7月下旬至8月中旬在加拿大温哥华度假时做的。在此要感谢友人张华先生的盛情邀请和热情招待。

众所周知，海德格尔为我们提供了20世纪最晦涩的技术之思；同样地，海德格尔关于“思想”的规定也被认为最具个性，难以轻松了解。译者在翻译过程中对此深有体会。译文中自然留下了各种遗憾，敬请识者指正。

孙周兴

2014年8月12日于温哥华

2014年10月12日记于杭州南山路

图书在版编目(CIP)数据

海德格尔文集. 不莱梅和弗莱堡演讲/(德)海德格尔著;孙周兴,张灯译. —北京:商务印书馆,2018
ISBN 978-7-100-15988-3

Ⅰ.①海… Ⅱ.①海… ②孙… ③张… Ⅲ.①海德格尔(Heidegger, Martin 1889-1976)—文集 Ⅳ.①B516.54-53

中国版本图书馆 CIP 数据核字(2018)第 056176 号

海德格尔文集
不莱梅和弗莱堡演讲
孙周兴 张 灯 译

商 务 印 书 馆 出 版
(北京王府井大街 36 号 邮政编码 100710)
商 务 印 书 馆 发 行
北京通州皇家印刷厂印刷
ISBN 978-7-100-15988-3

2018 年 5 月第 1 版 开本 787×960 1/16
2018 年 5 月北京第 1 次印刷 印张 14¾
定价:59.00 元